标准数独

CLASSIC SUDOKU

张齐天
林苡田
—— 著

技巧全书

中国纺织出版社有限公司

内 容 提 要

欢迎来到数独的世界！在这里，你会享受到逻辑推理的乐趣，锻炼缜密的思维。本书讲述数独的四大基本技巧：排除、唯一余数、区块和数对，还讲述八大定式候选数技巧：数组、普通鱼、鳍鱼、短链技巧、唯一矩形、可规避矩形、全双值格致死解法和欠一数组。如果你是一位数独小白，这本书可以为你提供从 0 到 1 的入门知识；如果你是小有心得的初学者，这本书将为你打开高级技巧的大门，一步步带领你突破难题和卡点；如果你已经是一名数独高手，那么这本书也一定可以帮助你梳理数独技巧的脉络，让你融会贯通，更上一层楼！

学习数独，独乐乐不如众乐乐，快来和我们一起漫游数独的神奇世界吧！

图书在版编目（CIP）数据

标准数独技巧全书 / 张齐天，林苋田著. 北京：中国纺织出版社有限公司，2023.1（2025.10重印）
ISBN 9787518099337

Ⅰ . ①标… Ⅱ . ①张… ②林… Ⅲ . ①智力游戏 Ⅳ .①G898.2

中国版本图书馆CIP数据核字（2022）第191800号

责任编辑：郝珊珊　　责任校对：高 涵　　责任印制：储志伟

中国纺织出版社有限公司出版发行
地址：北京市朝阳区百子湾东里A407号楼　邮政编码：100124
销售电话：010—67004422　传真：010—87155801
http://www.c-textilep.com
中国纺织出版社天猫旗舰店
官方微博 http://weibo.com/2119887771
鸿博睿特（天津）印刷科技有限公司印刷　各地新华书店经销
2023年1月第1版　2025年10月第2次印刷
开本：710×1000　1/16　印张：11
字数：164千字　定价：45.00元

目　录

第一部分　数独介绍

欢迎各位来到数独的殿堂！在这里，你可以跟我们一起学习非常多的数独技巧！让我们先来学习数独的基本概念吧！

一、数独的玩法

数独是一个古老的数字游戏。我们需要在整个9×9的"棋盘"空格里填入数字，在1~9里选择一个合适的数字填入其中，使得每一行的9个格子、每一列的9个格子，以及每一个由粗线围起来的3×3的9个格子里，均刚好包含一组完整的1~9，每一个数字都出现一次，而且不含有重复项。

例如，下列左图是一个数独的题目，我们需要填入数字，然后得到右边给出的解。

	5	8		9		3		4
			3				7	
			2		5			
	7							2
		1	4		6	9		
8						4		
		7			8			
	2				1			
9		4		7		2	5	

6	5	8	1	9	7	3	2	4
1	4	2	3	6	5	8	7	9
7	9	3	2	8	4	5	1	6
4	7	5	8	1	9	6	3	2
2	3	1	4	5	6	9	8	7
8	6	9	7	3	2	1	4	5
5	1	7	9	2	8	4	6	3
3	2	6	5	4	1	7	9	8
9	8	4	6	7	3	2	5	1

按照右侧给出的答案来看，确实是满足刚才所介绍的规则的：每一行、

每一列和每一个粗线围起来的3×3的9个格子，全部恰好包含一组完整的1~9。这就是数独的基本玩法。

可以看到，这样的规则是很简单的，它不需要我们使用数学知识来进行加减运算。只要使得数字在填入的区间不重复就可以了。因此，规则还是很好理解的，也非常好上手。

二、数独和唯一解

数独是有一个**唯一解**的基本要求的。这个唯一解呢，其实说的是"一个题目只有一个正确答案"的基本规则。

例如前面给的这个例子里，左边的题目只有右边这一个答案。换句话说，你无法找到另外的一种填法（即格子里填入和答案给出的不同的填数，并且还满足前文给出的"一套完整的1~9"的规则，这是不可能做到的）。

对于出题人来说，能够为玩家提供一个合适的、正确的数独题目是非常重要的事。

三、坐标表示

除了需要提前知道前文介绍的规则，我们还需要了解一下数独的**坐标**表示规则，以便后续更好地描述格子信息和数据。

坐标一共有两种表示规则，一种叫RCB表示法，另一种叫K9表示法。

（一）RCB表示法

RCB表示法，就是使用R、C、B三个字母来表示一个格子的具体位置。R是英语单词"行（row）"的首字母，C是英语单词"列（column）"的首字母，B则是英语单词"宫（block）"的首字母。所谓的宫，就是3×3的粗线围起来的、也满足"1~9不重复"规则的一组单元格。

一般来说，我们只会用到R和C进行单元格的位置表示。比如，R3C4表示的是第3行的第4个单元格（第3行、第4列）；当然，有些地方也不对R、C、B字母作大小写区分，因此可以写小写字母：r3c4，这也表示第3行的第4个单元格。

按照次序，我们把整个"棋盘"分割为了9行、9列和9宫。按照顺序，从上到下依次编号为第1行到第9行，而从左到右则依次编号为第1列到第9列，而宫则稍微复杂一些：从左到右、从上到下，每三横排包含3个宫，而整个棋盘一共包含9个这样的宫。所以左上角标为第1个宫，然后顺次是第2个宫、第3个宫；中间是第4、第5、第6个宫；最下面的是第7、第8、第9个宫。如图所示。

第1宫	第2宫	第3宫
第4宫	第5宫	第6宫
第7宫	第8宫	第9宫

在这个表示法里，字母B（表示宫）很少用到，所以就不多说明了。等运用到了再来说明。

另外，坐标是可以合并表达的。比如，r2c3和r3c3的"c3"部分相同，因此两者可以合记作r23c3，将r2和r3的2和3直接连起来。实际上这也是合理的，因为数独只会用到1~9，因此两个数字写在一起的23也不会被看成二十三。当然，列也可合并，比如r2c3和r2c4也可以写成r2c34。

RCB表示法好在写起来很容易理解，但不好的地方在于仍然有点长——r和c必须要写出来。

（二）K9表示法

K9表示法是另外一种表示坐标的方式。我们直接使用字母A~I，以及数字1~9来表示行和列的数据。

比如，D6这样的写法，字母表示的是坐标的行，而数字则表示坐标的列。必须是先字母后数字的顺序，千万不要写反了。D6的D是A、B、C、D的D，是排在英文字母表的第4个字母，因此表示的是第4行，而6就表示第6行。因此，D6就是第4行第6列的格子。

这种表示法好在，它甚至省略了字母R和C的书写，直接改用字母表示行，这样达到了速记的效果。不过弊端就在于，初学的时候容易弄反，而且对字母表不熟悉的小伙伴可能需要脑子里先想想字母具体在哪一行，然后才能搞明白坐标的表示位置。

不过，这些都不是问题，因为题目只会用到9个行，所以只会有9个字母A、B、C、D、E、F、G、H和I，即使你现在不熟悉，接触多了数独题目之后，就算不刻意去背也可以达到很熟悉的程度。

另外，这样的表示也可以简写。比如D34表示D3和D4两个格子、AB2表示第1、第2行的第2个格子。和前文一样，因为数独最大只会用到数字9，所以写在一起的数字也不会被认为是一个两位数而导致误读，可以大胆简写成这样的形式。

那么，这种表示法为什么叫K9表示法呢？这个字母K是哪里来的呢？因为在发明这个记号的时候，玩家认为字母I（即表示为第9行的字母）容易和数字1混淆（它俩长得很像），所以"顺延"了一个字母（即J来表示第9行）。随后又觉得J和I也长得差不多，尤其是有一些字体，I和J在电脑和打印出来的纸上，长得可以说是一模一样，所以J也容易和数字1混淆，导致继续"顺延"到了字母K上。所以在早期，字母K也表示第9行，如K3就表示第9行的第3个格子。但是，这么记不便于后期描述本书中的一些内容，所以本书仍然使用字母I来表示第9行。只不过，K9表示法里的"K"是这么来的。

那么，需要提前了解的数独知识点就介绍到这里。下面做一个总结：

● **盘面：** 表示题目的完整"棋盘"。一个棋盘就可以称为一个盘面。

● **行：** 表示题目横着数的9个单元格（即格子）。

● **列：** 表示题目竖着数的9个单元格。

● **宫：** 表示题目使用3×3的9个单元格。它们是用独立的粗线分隔出来的一组单元格。

● **坐标：** 用于简化表示和表达单元格的方式。一共有两种[1]。

● **解：** 一个题目的答案。一个题目只允许有一个答案，即题目必须保证唯一解。

下面我们来介绍一些常见的、有用的数独技巧。

---

❶ 本书采用的是 K9 表示法。因为 RCB 表示法比较麻烦，不便于书写，且目前国内数独主流教学也是采用 K9 表示法。

欢迎来到基本技巧部分的学习。下面我将为大家介绍数独的四个必学技巧。这四个技巧可以说是完成数独题目的核心技巧。如果这些技巧都不熟悉或者不会的话，完成数独将会非常痛苦。

一、排除

排除，也叫**摒除**，指的是对一些基本数字的排列和分布信息作出基本排除的技巧和手段。排除按照观察视角可分为**宫排除**、**行排除**和**列排除**三种，后两种也经常被统称为**行列排除**。

（一）宫排除

先来看宫排除。

如右盘面所示，星星的位置应该填入什么数字才合适呢？7。为什么呢？

我们来看第7个宫。这个宫里一共还剩下7个空格，而打叉的6个空格是没有机会填入7的。原因在于，这些格子所在的列上，都已经包含了7的提示信息。按照数独的基本规则，每一行、每一列和每一个宫里都必须刚好只包含一组完整的1~9，所有数字不能重复。从盘面可以看出，数字7已经在第2列和第3列里出现过，所以没有再次填入的机会了。打叉的格子也都处于第2、第3列上，因此它们都不能是7。

而再次观察第7个宫就可以发现，7个空格被我们直接排除掉6个，因此唯一的填入位置就只有H1了，所以，H1=7❶是这个题目的结论。

我们把这样的推理过程称为宫排除，表示的是"在宫内得到排除结论的排除技巧"。本题的结论位于第7个宫，我们利用到了第7个宫作为排除推理过程得到结论的**区域**❷，所以称为宫排除。千万不要以为用到了两次列的排除过程，就是列排除。

我们再来看一个例子吧。这个例子希望你可以自己推理和理解。

5			1		8		7	
★						2		
7		8	2			★		5
4				★	9	5		
2		1				6		9
		5	6					1
8					5	7	★	3
		9		★				
	1		8		4			6

答案：所有星号位置都应该填入1。

---

❶ "单元格＝数字"是一种习惯表示。它用来表示某个单元格填入什么数字，是这个推理过程的结论。比如，H1=7就表示"H1单元格应该填入数字7"这个结论。后面我们还会使用不等号表示不应该填入什么数字。不等号在本书里使用"<>"表达，即一个小于号和一个大于号拼凑的写法。详细内容将在后续介绍到这里的时候再说。

❷ 区域是行、列、宫三种词语表示的一组9个单元格的序列的统称。如果我们不着重强调具体是行、列或宫，可以直接使用"区域"一词代替，来表述一种模糊的概念。

如上盘面所示。这个题目打星星的地方都有宫排除技巧可以得到的结论。希望你能自己理解并且得到结论。

（二）行排除

下面我们来说说行排除。宫排除是在宫内下结论的推理过程，那么行排除自然就是行内得到排除结论的推理过程了。

如下盘面所示。请注意第2行。在第2行里，可以填入8的地方只有唯一一处，B2。为什么呢？

请注意H1和G7，这两个单元格都已经包含数字8的提示信息。由于同一列不能填入相同数字，因此B1和B7都不应该是8才对。那么在第2行里，可以放8的地方只剩下B2了。所以，B2=8就是这个推理的结论。

可能有小伙伴会去思考，为什么C3不能是8呢[1]？我们来思考一个问题。我们要求数独每一行、每一列和每一个宫都包含一套完整的1~9。如果我们让C3填入8，第2行就没有合适的填入8的位置了。所以，C3是不可以为8的。而且，本题的推理思路也跟C3这个位置没有任何关系，请一定要把思路调整过来。

我们再找一个例子给大家自行理解和消化一下。

如上盘面所示。这个题目的结论是星星位置上填入3。请自行理解。重要的地方我都给出了标记。

---

[1] 这个问题可能部分读者看得是一头雾水，甚至会想，"为什么会有这样的问题出现"。实际上，在初学数独的基本技巧时，经常有小伙伴对行排除技巧不熟悉，并且老是转不过弯来，想要套用宫排除的思路去看一些东西，所以这样的提问反而比较常见。我不希望各位在学习技巧的时候钻牛角尖，而是可以以一个正确的、正常的思路去看待技巧的推理过程。排除技巧是严谨的，得到的某个区域只剩下唯一的空格可以放入某个数，那这个格子就应该填入这个数。否则数字只能在别处填入，那么这个区域就无法填入这个数字，导致不满足一套完整1~9的基本数独规则了。

（三）列排除

下面我们来看看列排除。列排除和行排除类似，都是"一条直线"形状的观察过程。

7		2	6			8		5
5	8	6			7		2	★
	③	8	2	5	6	7	✗
	2	5	4		6	7		8
	7			5	8			2
8		1	2	7	③	5		✗
	7	9	5	8	2	③		✗
	5	4				2	8	7
2		8	7		4	9	5	1

如上盘面所示。本题我们需要关注的地方是第9列。请注意数字3的分布，我们可以发现，第9列里，唯一可以填入3的位置只剩下B9了。C9、F9和G9三处单元格都不可以是3，因为它们所在的行（第3行、第6行和第7行）都已经包含了3的提示信息，不可重复出现。

那么，仔细观察第9列就可以发现，现在就只有B9可以是3了，那么B9就必须也必然是3。所以，B9=3是这个推理的结论。

这个题目的推理过程用到的是第9列的排除结论，所以称为列排除。

我们再来看一个例子，希望你可以自己理解。

8	9		✖		4	⑥	5	7
	2	4	5		7	8	9	1
7		5	8	9		2	3	4
	4		✖	7		3	⑥	
	2	3	4	8	5	1		
		★	5		4	7		
1	5	7	4	8	3	9	2	6
4	3	9	7			1	8	5
2	8	6	9	1	5	7	4	3

如盘面所示。这个题目的结论是星星处填入6。希望你可以自己推理得到结论。

（四）技巧如何观察呢

由于数独只用到行、列、宫三种区域类型，所以相应地，排除也包含行排除、列排除、宫排除这三种类型。前文已经全部介绍完了。

不过，这样的技巧如何去观察呢？怎么在做题过程中去找到、发现它们呢？下面我们就来说说这个问题。

我们以宫排除来举例。为啥说宫排除，而不是行排除或列排除呢？不知道你对数独是否比较熟悉。宫这种区域类型，和行和列有什么不同的地方吗？你能立马想到吗？

对了。形状。宫是3×3的正方形，而行和列都是条状的。如果我们要观察行排除和列排除，必须顺次数完所有的条状的9个单元格。而宫的单元格是集中在一起的，所以宫排除观察起来会显得比行排除和列排除要方便不少。因此我们先说宫排除。

先要明白一个点。排除只跟一种数字有关系。有小伙伴会觉得，这不是一句废话吗？其实也不是。在使用排除法时，我们只关心其中一种数字的分布规则作为排除的信息点。我们在找排除的时候，如果要看某个数字的结论，那么只需要关心这个数字自己在题目里出现的提示信息位置就可以了，其他的数字我们用不到，因此不必去关心。

						8	9	
	9			1		7	8	
4	6	8		5	7	1		
8		6	1		5			
	7	4				8	5	
			7		2	4		1
		7	6	9		2	1	4
	3	1		2			7	
		2	5					

如上盘面所示。拿到这么一道题，我们应该如何下手去找排除呢？

我们先来看，一个题目都出现了哪些数字的提示信息。就这个题目来说，1~9每一种数字或多或少都有给出提示信息。那么我们再来看，哪些数字出现得更多。

我们发现数字1特别多。多说明了宫排除很有可能存在，因为提示信息多，结论就更容易得到。那么，我们可以从数字1开始看起。

我们发现，1确实有宫排除结论。怎么看呢？我们先找到盘面里所有数字1的提示信息，然后把它们标注出来：

然后，简单用手指在题目上划线，从这些提示数出发，把行、列、宫内不能是1的地方全部标注出来。此处为演示方便，将排除的位置都标上叉号。当然，题目还得做，特别是使用纸笔玩数独的朋友们，千万不要真的在题目上划线，这样会妨碍你的后续推理过程。

这样标记之后可以轻易得到1的唯一填入位置。

填入之后，第1宫还可以得到递进的宫排除结论。如下图所示。

这就是宫排除的找法。这样的思路同样适用于行排除和列排除，就不必多说了。关于排除法，我们就讲到这里。

二、唯一余数

唯一余数是第二种基础数独技巧。如果说排除用的是行、列、宫的排除结论，那么唯一余数就是单元格自身的排除结论。

（一）基本案例

4							5	2
	3		5	2				7
9						1		
★				5			2	8
		4		9		7		
1	6			3				9
		3						6
7			3	8	6		9	
6	8							3

如上盘面所示，这一次我们不再关注某一个完整的行、列和宫了，只聚焦于单元格。你觉得D1可以填入哪些数字呢？

- 1可以吗？不可以。因为在第4个宫里，已经有1的提示信息了。让D1=1就会导致两个1在同一个宫里，这是违背数独规则的。

- 2可以吗？不可以。在第4行上，有数字2的提示信息。D1=2会导致第4行出现重复的2，违背数独规则。

- 3可以吗？好像可以。因为D1所在的行、列和宫都没有3的任何提示信息。那么我们留着3，再看看其他的数字。

- 4可以吗？不可以。因为4在第4个宫里已经出现了一次，D1=4会导致第4宫出现两个4。这个逻辑和数字1是一样的。

- 5可以吗？不可以。D1=5导致的矛盾和D1=2的逻辑是一样的。

- 6可以吗？不可以。D1=6和D1=4还有D1=1导致的错误一致。

- 7可以吗？不可以。D1=7会使第1列出现两次7。

- 8可以吗？不可以。因为D1=8会导致第4行出现两次8，矛盾。

- 9可以吗？不可以。9在第1列出现过。

按照1~9的次序逐个排除，我们发现D1只有3这种可能的填入情况，别的数字全都在所在的行、列或宫里出现过。因此，D1=3是唯一且正确的结论。

4	1	5		2	★	3	8	
7	6	3	1				2	
2	8	9			3	1		
3	7	2			9	8	6	1
	5	4	3		1	9	7	2
	9	1	2				3	
4	7	8	1		6	2		3
	3	6			2	7	1	8
1	2	8		3		6		

我们这次只让D1这一个单元格得到结论，而它需要看的是一系列不同的数字的排除效果，因此它不同于之前介绍的排除法的基本推理过程。这个技巧叫什么呢？这个技巧叫作唯一余数，简称唯余[1]。

下面我们再来看一则例子。希望你可以自己理解这个题目。

如盘面所示，这个题目的结论是星星处有唯一可以确定的结论。希望你可以自己推理得到这个结论。

---

[1] 唯余也被一些朋友戏称为"喂鱼"，因为它是"唯余"这个词语的谐音。"喂鱼"二字本是一种错误的写法，但由于误用的情况过多，在习惯的力量驱使下，这个词语也成了唯一余数技巧的别名。

（二）唯一余数的观察

下面我们来说说唯一余数应该如何观察。

和我最开始学习数独一样，非常多的小伙伴觉得唯一余数的逻辑挺简单的，但是自己找起来实在是太痛苦了，每一次找到唯一余数都是一件值得高兴的事情。实际上，唯一余数的观察难度确实比较大。小伙伴们往往还需要一些经验上的辅助，否则真会寸步难行。

我们拿一个唯一余数的例子来说明吧。

唯一余数技巧的核心是，去找一些行、列、宫空格较少的地方。比如上面的这个盘面，我们聚焦于第5个宫，观察发现其中只余三个空格。我们细数一下就会发现，缺少的数字只有4、8、9。接着，我们再去观察三个空格各自的不是宫的其他所在区域，看看有没有排除项。

4	7	9	5	8	6	3	2	1
1	5	6		2	3	8		4
		2	1	4		5		6
7		1		6		2	3	5
6	9	4	3	5	2	1	8	7
		5	★	7	1	4	6	9
		7		3	5	9	1	8
9		8		1		7	5	3
5	1	3		9		6	4	2

举个例子，我们只看星星格F4，可以发现，这个格子所在行已经包含了4和9，说明别处都无法填入4和9，否则就会重复。F4也在这个所谓的"所在行"上，因此它也不能是4或者9。

那么，F4就只能是8了，对吧？所以，F4=8就是结论了。

我们重新梳理一下这个找唯一余数的思路，可以发现，其实就是把唯一余数需要运用的两个或三个区域给拆开一个、一个看了。在这个例子中，我们没有去观察F4所在的列，因为只看宫和行就足够我们得到结论了。

所以，唯一余数的观察方式其实是：**按区域类型，对唯一余数分散在多个区域中的排除信息进行分组观察。这样可以更快确定。**特别是这种两个区域就可以确定结论的唯一余数，只需要将视角先"固定"在其中一个区域里，找出剩余可填的数之后，再去观察其他的区域，并逐个攻破排除。

这里我给出一个题目，希望你可以自己推理得到唯一余数的结论。只需要找到一个正确结论就可以了。

7		1	5		4	3		
			2	9	7	4	1	
			3	7	1		5	6
				2	8			
	6			3	7	1		
	7	9						
5	7		1	4	3			
8	1	3	2	9				
		9	7		8		1	3

答案：G3=2，你答对了吗？

三、区块

区块是第三种基本技巧。它和排除以及唯一余数不同的地方在于，区块技巧需要你用一种组合的思维来进行理解。

和排除相同，区块也分三种：**宫区块**、**行区块**和**列区块**，其中，行区块和列区块可以统称**行列区块**。我们先来看宫区块。

（一）宫区块

如右盘面所示。我们这次可不能直接得到结论了。

先来看看第6宫，我们可

	3	2						
8	6	7					1	9
	9	5					8	2
			7		2	■	9	1
7	1	9	6	8	3	2	4	5
			1		9	■	✗	3
	5					9	2	
9	7					★	3	4
							1	5

以发现什么？借助一下我们之前学过的宫排除，数字8在第8列已经有了提示信息，因此第8列不能填入别的8了，在第6个宫里，8只能放在DF7❶两个单元格里。

虽然我们不知道具体哪个单元格填入8，但是DF7同在第7列上。"同在第7列"有什么用吗？有的。它意味着无论哪一格填8，第7列的其他格子都不可能为8。因为第7列填入8的机会只能给DF7，而同一列只能填入一次8，因此除了它俩，别的单元格都不可以是8了。

那么，H7<>8❷就是这一阶段得到的结论了。得到这一点还没完，接着我们来看第9个宫。

	3	2						
8	6	7					1	9
	9	5					8	2
			7		2	■	9	1
7	1	9	6	8	3	2	4	5
			1		9	■		3
	5					9	2	
9	7					★	3	4
						1		5

我们使用前面学过的唯一余数技巧来仔细数数H7此时可以填入的情况。

---

❶ DF7 就是 D7 和 F7 的简写，前文已经描述过，此后不再赘述。

❷ 我们使用不等号表示一个单元格不填什么数字。比如，H7<>8 就表示 H7 不可以是 8。

从1数到9我们可以发现，1、2、3、4、5、7、9都是无法填入的数字；而前文又得到了H7<>8，那么H7只能是6了。因此，H7=6就是我们使用这个思路得到的填数结论了。

我们把第6个宫形成的这个数字8的"模棱两可的"两个格子DF7称为**区块结构**，而把使用DF7（8）[1]的区块结构称为**区块技巧**。由于这个区块结构是通过宫排除得到的，DF7也是从第6个宫作排除而形成的区块结构，因此我们称这样的技巧为宫区块技巧。

（二）行列区块

接下来我们来说说，观察起来比较痛苦的行列区块。

			1				6	8
6		③	4	8	5		1	9
8		1				③		2
			2					6
	8	6		7	1	9	2	
4				5				
2	5	✗	■	■	■		6	✗	1
	6	8	1				2		
1								

如上盘面所示，此时我们把视角聚焦于第7行。我们使用行排除，虽然得

---

[1] 一般地，我们可以在小括号中写入数字，表示这一组单元格里会涉及哪些数字。比如，DF7（8）的意思是"涉及DF7两个单元格的数字8"。按照这样的表达，我们就可以更好地描述出区块和后面介绍的技巧的一些内容了。

不到合适的结果，但是仔细看就可以发现，3的可填位置在同一个宫里：第8个宫。

虽然我们并不知晓具体是G4、G5，还是G6最终填入3，但是由于它们同属于第8个宫，而第8个宫里又必须填一个3进去，所以填入3的机会就只能给G456三个格子了，否则第7行就无法合理安排3的填数位置了。

G456里必须有一个3，那么，第8个宫的别处任何一个单元格都不能是3了。

如上盘面所示，我们利用前文得到的结论，将视角切换到第5列就可以得到和确定3的具体位置了。

首先，按照基本的排除，C5<>3，因为第3行上已经有3的提示信息了，我们可以复用C8的数字3。而HI5<>3[1]，这一点是通过前文G456中必须有一个3

---

[1] HI5<>3 就是 HI5 两个格子都不能是 3 的意思。只有使用不等符号"<>"的时候我们才可以这么去书写坐标，而等号"="是不能的，因为 HI5 在这里是一种整体的概念，HI5=3 会被误以为是"HI5 两个单元格都填3"，这是不可能也不正确的描述和表达。

的结论得到的。"第8个宫的别处任何一个单元格都不能是3",还记得吧?因此,第5列里唯一可以填入3的地方就只能是G5了。

有些小伙伴会觉得奇怪,这次的结论怎么能出现在前文用过的G456里呢?G456不是还不能确定结果吗?实际上,我们这时已经将视角切换到了第5列而没有再去关注第7行了。第7行的3的分布只能让我们得到"G456里有一个3"的结论,而在第5列通过基本的列排除技巧就可以唯一确定3的位置。所以,这里的3并不是看G456得到的,而是根据第5列的列排除得到的。不然,这个3还能放在第5列的哪里呢?数独不是就要求,每一行、每一列、每一个宫都要有完整的一套1~9吗?第5列就属于"列"的一员。

所以,这个题的结论就是,G5=3。这个技巧用到的是从第7行确定的G456区块结构,因此称为行区块结构。

列区块的形成和行区块是完全一样的,只不过是从行改成了列而已,因此就不再单独举一个例子给大家介绍了。这里留一个列区块技巧的例题,希望你可以自己推理。

如上盘面所示。这个题目的结论是使用了一个区块之后，通过唯一余数得到的。

（三）区块的观察技巧

实际上，在前文举例说明的这些题目里，大家都可以发现一个基本的、相同的找寻规则——直接按排除法来找它们就行了。是的，区块结构的形成，实际上就是"模棱两可版"的排除法结论。只是，这样的区块结构可以更好地约束这些格子的填数，可以影响到别的区域。例如区块部分提到的第一个例子（上盘面）：我们可以发现，虽然区块是从第6宫得到的，但是它影响到了第7列。

再比如这个例子：

虽然区块是通过第7行得到的，但是它影响到了第8个宫。

因此，区块就是一种特殊的排除法。知道这一点之后，你只需要按照排除的基本找法去找区块就可以了。

（四）组合区块

还有一种区块，是借用前文说到的两种区块类型，组合使用的新区块"品种"。我们称为**组合区块**（或**级联区块❶**）。

6	2	8	5	9	4	3	1	7
5	7	4		1		8	⑨	2
		3			2	6	4	5
		7	✗	3	5	2	✗	✗
	5	2	✗	6	■	■	3	✗
3	★	6	1	2	■	■	5	✗
	6	1	⑨			5		
	3	5				1	7	⑨
	8	9		5	1	4		

如上盘面所示，我们这次一次观察两个宫区块。第一个宫区块在第5宫，第二个宫区块则在第6宫，它们都是数字9的区块结构。

如果我们将两个数字9的宫区块凑成一对，直接一起看会有什么效果呢？想一想，这两个区块的分布有没有什么特殊的地方？是不是两个区块结构涉及的4个单元格刚好凑成两行两列？那么，F2可以填入9吗？不能。虽然这两

---

❶ "级联"一词来自微软公司对一些复合、组合理解的概念。微软将一些同等概念的东西称为级联的。

个宫区块跟F2好像毫无关系，但是实际上，如果我们去列举一下9在第5、第6个宫的完整填数可能，就会发现，最终只有两种填法：

- E6和F7同时是9。
- E7和F6同时是9。

除此之外，别无其他。因为数独要求不能在同一行列上出现重复项，所以9在这两个宫区块里就只能放在"对角关系"的两个格子里。这里要注意一个小细节：区块结构最终是必须要有一个正确的数字填入进去的，所以两个宫区块应该必须有两个9的填入才是正确的。那么，两个9的摆放只能是斜着来了，否则一定会导致行或列出现数字9的重复项，违背数独规则。

那么，无论怎么放，9在第6行里也只能放在F67两个单元格。为什么呢？因为两个宫区块只有两种可能的正确摆放情况，而无论是哪种，F67里面必定会出现一次9，而巧妙就巧妙在，它们位于同一行。位于同一行意味着第6行可以放入9的位置只有F67，别的格子就不可能是9了。F2也是第6行的，所以F2<>9。同理，E1<>9。不过这次就不再看第6行，而是看第5行了。

我们继续深入。基于F2<>9，我们可以得到一个唯一余数的结论。

6	2	8	5	9	4	3	1	7
5	7	4		1		8	9	2
		3			2	6	4	5
		⑦		3	5	2		
	⑤	②		6	▨	▨	3	
③	★	⑥	①	2	▨	▨	5	
	6	1	9			5		
	3	5				1	7	9
	⑧	9		5	1	4		

如盘面所示，我们将视角聚焦于F2。F2此时还能填入数字几呢？只能是4了。首先，1、2、3、5、6、7、8都不能填入，这是基本的排除规则；而F2<>9前文已经得到了，用到的是两个宫区块组合起来看的思路。那么，F2此时只剩4可以填入，所以F2=4就是结论了。

我们就把刚才得到的涉及第5、第6个宫的、关于数字9的区块结构称为组合区块，表示它们是组合起来使用的逻辑。

（五）组合区块存在的意义

细心的小伙伴可以发现，这个题目中还藏着一个行区块（下图），根据它可以直接得到E1和F2不填9的结论，而根本不需要如此绕远。

那么，组合区块存在的意义究竟是什么呢？既然有代替的、更简单的区块结构，为什么又非得这么去找呢？

实际上，组合区块存在的意义在于观察层面。如果你对行列区块或者行列排除并不熟练的话，可能并不能直接观察到题目中存在的这个行区块结构。而宫区块和宫排除是观察起来难度比行列区块和行列排除要低的技巧类型，因此我们一直而且总是建议大家优先找宫排除和宫区块技巧。

在个题目里，我们使用的两个区块都是宫区块，因此非常好找到。而正是因为观察难度低，我们经常会使用这样看似绕远的方式来代替掉一部分的行列排除和行列区块技巧。虽然组合区块结构比起基本的行列排除和行列区块技巧来说要大一些，但是实际上，这种代价是很小的。甚至，我们使用组合区块来替代一部分这样的技巧，可以达到提速的效果。

至此，区块结构就介绍完毕了。

四、数对

数组技巧是最后一种我们必须掌握的数独技巧。数组按照规格可分为**数对❶**、**三数组❷**、**四数组❸**三种，而按照观察来看，可分为**显性数组**和**隐性数组**两种。按照一般层面来说，考虑到技巧的易学性和技巧的实用性，数组里的数对是初学者必须掌握的部分，而三数组和四数组，我则会放在下一个篇章介绍；不过数组的显性和隐性在这里都会介绍到。首先要介绍的就是隐性的数对结构。

---

❶ 数对在早期也称为**二链数**、**二数组**、**双数组**和**二元组**等。

❷ 三数组在早期也称为**三链数**、**三元组**等。

❸ 四数组在早期也称为**四链数**、**四元组**等。

（一）隐性数对

如盘面所示，我们观察第2个宫可以发现，3和4具有相同的可以填入的位置。先看3。它在第2个宫只能放在B46里。再看4，发现在第2个宫里也只能放在B46。

好巧不巧。第2个宫中，3和4只能放在相同的两个格子之中。这意味着什么呢？这意味着B46必须是"一个3、一个4"的状态，这是显然的。因为别处已经无法放3和4了，它们被挤压到这样两个单元格里。这两个单元格里放入一个3、一个4，还只能是恰好放进去，完全没有多余的可以放入的情况。那么，这两个格子就必须是一个3、一个4，才能让3和4都正确填入第2个宫里；否则，但凡有一个格子填入除3、4以外的数，那么3和4中就会有一个数字无法填入到第2个宫里，第2个宫就无法满足一套完整的1~9。

这一结论有什么用呢？虽然，我们还无法确定具体是B4还是B6是3。没有关系。确定好3和4在第2个宫必须放在B46就行了。

接着我们来看下一个步骤。如上盘面所示。在B46只能是3和4的情况下，再次观察第2个宫可以发现，2就只有唯一的一处可以填入了，即B5=2。首先，可以通过基本的宫排除技巧排除掉A4和C456四个格子填2的情况，而B46也不能填2（它们只能是3和4，没别的可能性）。所以，2只能放在B5，它是唯一一个可以填入2的位置了。因此，B5=2是这个题目的结论。

可以看到，我们利用排除的过程，将B46的填数机会给"占领"了，致使B46无法填入任何其他的数字。此时再去看别的数字，就可以得到结论。这种思想称为**占位**。这种技巧称为**数对占位法**，不过它一般叫**隐性数对**。这个隐性怎么去理解呢？

我们单看B46两个格子，通过唯一余数来挨个排除可以发现，实际上这两个格子是可以不填3和4的，它们还有别的填数情况。比如，B4除了3和4，还可以有1、2、7、9这些填数情况，而B6则还可以填入1、2、9。如果不看这个技巧推导的结论（即排除掉这些情况），"必须是3和4"的最终情况实际上是隐藏在其中的。因此，这种数对结构也称为隐性的数对结构，而和区块类似，B46（34）❶称为**隐性数对结构**，而使用这个结构得到结论的技巧过程称为**隐性数对技巧**。

（二）显性数对

和隐性对应的就是显性了。隐性用的是排除，那么显性呢？猜都猜得到，自然就是唯一余数了。

---

❶ B46（34）即B46两个单元格涉及3和4两种数字的情况。这种记号有些复杂，所以将它的意思以脚注形式呈现出来。和前文介绍的坐标表示类似，数独只用到9以内的数，所以3和4之间不需要任何符号分隔就可以清楚确定是3和4两个数字，而不会被看成三十四。

①第一种类型：死锁数对

如盘面所示，请仔细观察第6个宫。在第6个宫里我们可以发现，D79两个单元格只能填入1和4两种不同的数字。先看D7，通过唯一余数的基本数数操作，我们可以发现，只有1和4没有出现在这个单元格所在的行、列、宫之中；而D9也是同样的情况。

这一次，我们使用唯一余数的思路得到D79都只能是1和4的情况，而D79恰好都在第4行和第6个宫，因此D79也不能是相同的数字。所以要么D7是1、D9是4，要么是D7是4、D9是1。那么在第4行和第6个宫的其余单元格之中，1和4就都不可能出现了。因为第4行和第6个宫可以填入1和4的机会全会给D79两个单元格了，毕竟D79必须是1和4是我们刚才得到的必须满足的条件。

得到这个结论之后，我们可以继续观察第5个宫。

如盘面所示。我们可以在第5个宫里确定数字1的最终填数位置。首先通过宫排除得到E4<>1的结论，而D6<>1是因为D6与D79位于同一行。所以，1只能填入E6之中，即E6=1是这个技巧的结论。

可以看到，在推理过程中，我们也用到了一个和隐性数对差不多的将两个格子组合在一起思考的思维方式，所以这个技巧也称为数对技巧；但这一次我们用到的是唯一余数而不是排除，所以我们把这种技巧叫作显性数对。为啥是显性呢？因为这次我们可以只看D79就得到结论。这一次，D79两个单元格并不包含任何其他的填数可能，只有1和4可以放进去。这就意味着1和4是"暴露"给玩家的。

②第二种类型：普通的显性数对

刚才我们看到的数对技巧是可以同时作用于两个区域（第4行和第6个宫）的。但大多数时候，数对并不一定可以影响到两个区域，更多还是只能影响到一个区域。

如图所示。这次我们关注第5行。

其中，通过唯一余数的数数操作进行逐个排除，发现E1只能填入4或8；而再看E7，也只有4和8两种可能性。

思考一个问题。它和前面的例子有没有区别？几乎是没有的，只是把两个挨着的单元格给拿到同一行上来了，导致两个单元格此时并不同宫，这是它们唯一的区别。但是，它俩处于同一行，意味着仍然不能填入相同的数字，而它俩又确实只能填入相同的两种数字4和8，就这一点来说，它和前面的例子逻辑是一致的。那么，E17的填数情况，要么E1是4、E7是8，要么E1是8、E7是4，别无其他可能。

与此同时，第5行的别处就不能填入4和8了，否则无论是4还是8，都会出现重复的情况，违背数独的规则。

5	1	2		4	8	9		⑥
3						2		①
6			2	1		5	4	
	9	1			2	③	5	
■	2	5		⑦		■	6	★
	6	3				1	2	
9	3			2	6			⑤
1	5			3		6		②
2		6	8	5				

如上盘面所示，我们再对E9使用唯一余数的逻辑，就可以得到合适的结论了。首先，E9所在的行、列、宫已经出现了1、2、3、5、6、7这些数字，所以E9<>123567[1]。而E17必须是4和8，且E9刚好和E17两个单元格处于同一行，所以E9<>48[2]。因此，E9只能是9了，因为别的数字全被排除掉了。

所以，这个题目的结论是E9=9。我们把这种技巧也称为显性数对，只不过它并不会同时影响两个区域。

（三）隐性数对的观察

隐性数对和显性数对的形成原因不同，所以需要分开描述观察方式。

首先是隐性数对。隐性数对特别不好观察的原因在于，它涉及两种不同的数字。在盘面没有任何标记的情况下，简直无从下手。

隐性数对要注意的地方是，它其实可以分解成两种数字的排除。只不

---

❶ E9<>123567 是 E9 不填 1、2、3、5、6、7 的其中任何一个数字的意思。

❷ E9<>48 是 E9 不填 4 和 8 的意思。

过，隐性数对巧妙的地方在于，这种技巧是两种数字排除得到只有完全一样的两处格子可以填入。所以，我们可以利用这一点入手。

		6	5	2	3		7	8
	7	2	8	1	9	5		
		8		7				2
	8					2		3
9		7				6		5
2	6						9	7
7								
8		9		6		3	2	
6	2	1	3	4	8	7	5	9

如上盘面所示。拿到这样一个题目，我们应该如何下手找隐性数对呢？

找隐性数对其实找的是重叠位置上的排除。那么我们可以试着去看看提示信息里出现较多的某两种数字。比如下图这个例子里，6 和 7 都很多。

		⑥	5	2	3		⑦	8
	⑦	2	8	1	9	5		
		8		⑦				2
	8					2		3
9		⑦				⑥		5
2	⑥						9	⑦
⑦								
8		9		⑥		3	2	
⑥	2	1	3	4	8	⑦	5	9

可以发现，6和7集中出现在边上的宫。排除法让我们明白了，位置靠边的信息可以往内进行排除。这里的"内"指代的是第5个宫。因为四周都有6和7的提示信息，所以非常容易在正中心的第5宫得到排除结论。

		6	5	2	3		7	8
	7	2	8	1	9	5		
		8		⑦				2
	8		■	×	■	2		3
9		⑦	×	×	×	⑥		5
2	⑥		×	×	×		9	⑦
7								
8			9		⑥		3	2
6	2	1	3	4	8	7	5	9

如上盘面所示。我们直接使用排除法可以得到6和7恰好都只出现在相同的两个格子D46上，于是，D46就是关于6和7的隐性数对了。

我们的目的是找到填数结论，所以这些发现可能还不够。不过很巧的是，这个隐性数对确实可以让我们得到填数的结果，我们可以得到数字9的排除结论。

		6	5	2	3		7	8
	7	2	8	1	⑨	5		
		8		7				2
	8		■	★	■	2		3
⑨		7	×	×	×	6		5
2	6		×	×	×		⑨	7
7								
8		9		6			3	2
6	2	1	3	4	8	7	5	9

仔细观察数字9在第5宫的可填入位置，可以发现9只能放在D5之中。首先，DE456❶六个单元格都是不能填入9的，根据排除法就可以得到；而D6<>9，因为B6上面有9的提示信息；而D4<>9的原因在于，D46两个单元格此时已经构成了隐性数对，它们不能填入除6和7以外的任何数字。当然，9也不例外。因此，第5个宫此时只有D5可以填入9了，即D5=9是这个题目的结论。

我们刚才的找寻办法，其实借用了两次排除。而其中又运用到了"找外侧往内部排除"的这么一种思维视角。

（四）显性数对的观察

说完了隐性数对的观察，下面我们来说说显性数对的观察方式。

显性数对是用到唯一余数思路的观察，所以并不是很好找，毕竟唯一余数就不是很好发现。

第一，多做题，这就不用多说了；第二，我们需要一点巧妙的办法。

---

❶ DE456 是 D456 和 E456 的简写。这种简写特别复杂。如果两种已经简写完成的坐标序列仍然具有完全一致的行序列或列序列的时候，它们可以继续省略和简写，比如 D456 和 E456 具有同样的列坐标序列"456"，因此"456"可以写成一个，并且把字母 D 和 E 写在一起。在读这种坐标的时候，我们需要拆分进行排列组合。比如 DE456 的 D 和 4、5、6 分别组合产生三个单元格坐标，而 E 再和 4、5、6 组合产生三个坐标。因此 DE456 一共包含六个单元格的坐标。

	9				1	8	5	2
5	4	1	2	8	9	3		
	2		7			1	4	9
		5			7	9		
		4		1		7		
		2	8			4		
				4				
2	5	3	1	7	8	6	9	4
4	6		3				1	

如上盘面所示。拿到一道题，我们应该如何观察显性数对呢？

显性数对用到的是唯一余数，而唯一余数的寻找办法是去看数字种类比较多的地方。特别是某个单元格所在的行、列、宫里提示信息非常多的地方。

例如这个题目，我们就非常不建议去看G1这样的单元格。它所在的行、列、宫重复出现了4，而且数字的种类不多，提示信息也不够全面，这样的地方不怎么容易出现唯一余数。相反，我们建议各位观察A4、I6这些单元格。它们所在的行、列、宫都具有较多提示信息，这样的位置不说100%拥有唯一余数结论，但比较容易产生。

这次我们观察I67两个格子。唯一余数的分布规则和比较容易出现结论的地方确定了个大概之后，就去看看显性数对独特的规则：它需要两种不同数字的交织。那么，反推显性数对的形成规则就可以发现，这两个格子要得到显性数对，显然需要唯一余数的数字种类得是完全一致的。那么，我们就去看数字种类大幅度相似的地方。如盘面所示，I67就是这样的格子：

I67是在同一行的两个单元格，因此我们优先把在同一行的提示信息给取出来。例如图中的1、3、4、6，我们只需要这些数字就可以同时排除掉两个单元格的信息。

接着，观察两个格子各自的所在列和宫。我们发现，除了1、3、4、6外，还有7、8、9是两个格子所在列里同时都包含的数字。这意味着两个格子也都不能是7、8、9。那么，I67此时只剩下了2和5可以填入。而恰好，这就满足了显性数对的基本规则。于是I67就是一个显性数对了。

如上盘面所示。此时I5有一个唯一余数的结论：I5=9。因为1、3、

4、6、7、8全都已经出现了提示信息，而2和5也已经有了显性数对，所以I5<>12345678。I5现在只剩下唯一一种填数情况，即I5=9。

显性数对就是这么找到的。你学会了吗？

这里稍微啰嗦一下，死锁数对的分布使它有一种独特的观察视角。

如上盘面所示。实际上AC1是一个死锁数对，关于6和9。为什么呢？

我们注意第1宫和第1列。第1宫按数独规则要填入一套完整的1~9，而第1列也需要填入完整的一套1~9。它们共同包含ABC1三个单元格。那么，按照数学的减法，我们同时将两个区域的ABC1减去，那么第1个宫就只包含ABC23六个单元格，而第1列则只包含DEFGHI1这六个单元格。

仔细观察数字出现的情况可以发现，在ABC23六个单元格里出现的提示信息只有1、3、8三种，而DEFGHI1六个单元格出现的提示信息是4、5、7三种数字，它们刚好和1、3、8完全不一样（当然，这一点反过来说也是可以的，即先观察DEFGHI1出现的数字，再观察ABC23的）。

这个结论有什么用吗？其实是有的。由于排除的基本机制，我是不是完全可以把ABC23的这三个提示信息搬到下面DEFGHI1的三处空格里？完全是可以的。因为数独要求的是，数字在同一行、同一列、同一宫不出现重复数字即可。所以我只需要让数字摆放的地方不在同一个宫就可以了。而刚好我们可以把这三个数字填补到下面的三个空格之中；相反，DEFGHI1中的三个提示信息4、5、7也完全可以填补到ABC23里的三个空格之中。这样的话，我们就确定了ABC23和DEFGHI1出现的是相同的6个数字：1、3、4、5、7、8。

这次，算上B1的提示信息2，AC1就还剩下两种数字并未出现：6和9，所以AC1是关于6和9的显性数对。

这种观察视角可以称为**割补法**，我们是把下面的三个数字填补到上面的空格之中（当然反过来也一样）。

那么，我们就把数对的两种用法介绍完毕了。至此数独四大基本技巧就全部讲完了。下面我们进入新的篇章：定式候选数技巧。

欢迎来到**候选数**的世界。这一部分的技巧难度会比前面的技巧要大一些、难一些、找起来有些简单，有些特别复杂，因此本节的内容就不给大家介绍观察了。不过技巧的理解还是较为容易的。各位坐稳了，我们出发！

一、候选数的概念

如上盘面所示。我们将每一个单元格的所有填数情况全部标注出来，使用灰色的小数字标记在空格之中。这些数字称为候选数。一个填数情况称为一个候选数。比如，A2单元格包含1、2、7三种可能的填数情况，我们就可以说A2包含候选数1、2、7。

候选数具有一些常见误区，下面我们来说一下。

（一）候选数越多越难？

这种说法是不准确的。并不是所有时候，候选数越多越难。在平时做题之中，我们通常都不会将候选数全标注出来（像上页的盘面一样）。因此不乏有一些排除技巧的结论隐藏在其中。但此时，因为是隐藏在其中，因此候选数并不会因为排除法结论简单而减少。因此，候选数并不是越多越难。

如下图所示，这个题目的每一个空格都包含至少两个数字，但它也是简单的题目。

技巧名	数量	难度等级	总难度	最大难度
宫排除	49	容易	58.8	1.2
行排除	3	容易	4.5	1.5
唯一余数	1	容易	2.3	2.3

成功 题目分析完成。请查看下面给出的列表了解详细信息。

（二）题目多解和候选数有关系？

有一些题目，由于提示信息的分布，部分空格会包含特别多的候选数，这样的题也可能是有唯一解的。因此，候选数情况并不能说明题目是否为多解。例如上页的这个题目，它就有唯一解，但仍然每一个单元格都包含至少两个候选数。

为了衔接前文的内容，我们仍然找一些区块和数对的题目，不过这一次我们使用候选数标记的方法给大家呈现出来。

（三）候选数视角下的区块和数对结构

我们先来看区块。区块在候选数完全展示的时候是长这样的：

我们仔细观察第2宫，数字6构成区块结构，并且可以排除掉第1行上的A28（6）。

如上盘面所示，这是一个显性数对：第9列的CH9两个单元格里可以填入1和8两种数字。因此，CH9两个单元格构成关于1和8的显性数对。于是，我们就可以得到B9<>1、DE9<>8的结论，它们也都位于第9列上。

这个视角下，显性数对相较于隐性数对就非常容易被看到。如下图所示，这里有一个隐性数对结构。

观察第7个宫，我们可以发现，3和7在第7个宫只能放在H13两个单元格之中，因此HI3（37）构成隐性数对结构。

显然，在候选数视角下，隐性数对就藏匿得非常深。此时非常不容易找到隐性数对的技巧。

下面我们以数对作为切入口，探讨一些需要从候选数层面进行推理的技巧。

二、数组

前文已经介绍了数对的推理过程和使用方式，下面我们继续来看和数对较为相似，但规格更大一些的结构。

（一）显性三数组

如上盘面所示。请仔细观察第4行。第4行有三个单元格里只有4、8、9三种数字。是的，D678。D678的三个格子虽然并不是各自完整包含4、8、9的全部三种数字，但总的来看，这三个格子并不含有其他的填数可能。

恰好，它们还位于同一行。这意味着这三个单元格是不可以出现相同数字的，所以D678三个单元格里，必须有一个4、一个8和一个9，即4、8、9全都会出现，而且刚好就出现在这些格子之中。

那么再次观察第4行。第4行的别处还能否填4、8、9这些数字呢？答案是不能。对于D678而言，三个单元格刚好放入三种不同的数字，其中就包含了数字8。我们拿D1单元格来说，如果D1=8，那么就会让D678少掉一种填数情况，那么D678三个单元格此时只能填入4和9这两种数字。这显然是不可能的，因为三个格子处于同一行就必须填入三种完全不同的数字，但4和9只有两种情况了，D1=8使得D678无法再填入8。这样就会出现矛盾。因此，D1填入8是不合适的。那么与"D1=8"对立的情况就是正确结论了。那么与之对立的情况是什么呢？D1<>8。不管D1最终数字是多少，只要不是8就行。那么，D1不是8就意味着我们可以安全地去掉D1（8）这个候选数。

同理，我们还可以去掉D5（8），因为它也和D678同行，且若填入8之后，也会得到上文提及的相似矛盾。因此，这个技巧的结论是两处：D15<>8[1][2]。

这就是这个技巧的结论了。这个技巧用到的是三种不同的数字，涉及三

---

❶ D15<>8 的意思是，D1 和 D5 都不是8。

❷ D15<>8 这样的结论只提供了去掉可能性的结果，因此我们也把这种结果称为**删数**结论，即删除候选数的结论；相对地，我们把之前的"某个单元格应该填入数字几"的结论称为**出数**结论。

个格子，我们就把这种技巧称为三数组技巧，而D678（489）[1]则称为**显性三数组**。

同理地，我们还可以按照这样的思路去推广隐性数对。

（二）隐性三数组

下面我们来看一个隐性三数组技巧。

如上盘面所示，这是一个隐性三数组，它的结论是G2<>123、G7<>125和G9<>12，一共可以去掉8个候选数。

请仔细观察第7行，第7行有三种数字的出现情况和位置都比较特殊：4、

---

[1] D678（489）的本意是"D6（489）、D7（489）和D8（489）"，即D6、D7和D8三个单元格各自有候选数4、8、9，不过这里D6只包含4和9，而并不含有候选数8（其他两个格子也同理，并不是完全包含候选数情况的格子），但是我们依然可以这么写。这是因为我们是将D678三个单元格作为整体来看待，即使各个单元格不是绝对都含有4、8、9三种填数情况，我们也可以这么写，这样写和分开写在推理过程之中是不影响的。

6、7。这三个数字只出现在第7行的G279三个单元格之中。因为已经给出了候选数，所以我们可以更快发现其他空格里的候选数是否包含4、6、7这些数字。仔细观察可以发现，G3、G4、G5和G6四个单元格分别对应的候选数情况是23、25、1235和1235，全部都不含有4、6、7。

这意味着什么呢？这意味着，4、6、7目前在第7行仅可以填入G279三个单元格之中。而刚好，G279是三个单元格，4、6、7又是三种不同的数字，我们将4、6、7一个数对应一个单元格地安放进去就会刚好用完三个空格，G279此时没有空闲位置填入别的数字了。因此G279就不可能包含任何不是4、6、7的填数，可以安全地去掉它们。

这个技巧用到的思路非常类似前文说过的"占位"思想。数对占位也称为隐性数对，因此本题中三个数的占位称为三数组占位，即隐性三数组技巧。

（三）显性四数组和隐性四数组

依照类似逻辑，我们可以继续提升单元格的数量。下面给大家展示两个例子，一个是显性，的一个是隐性的。不过，两个例子的使用格子都是4个，所以分别称为**显性四数组**和**隐性四数组**。希望大家可以自己理解。它们的出现频率远不如三数组和数对结构，因此平时做题之中很少会遇到它们。虽然观察难度较大，推理过程也较为烦琐，但出现频率并不高，因此遇到的四数组的题目可以直接用作技巧介绍的例题。

首先是显性四数组的例题。如盘面所示。

这是一个显性四数组的技巧，通过这个技巧一共可以删除10个候选数，它们分别是E1<>128、E2<>1238、E7<>23和E9<>3。

如上盘面所示，这个题目可以删除3个候选数，分别是G5<>36和H5<>6。

（四）为什么这些三数组、四数组跟前文介绍的数对是一个技巧呢

可能很多小伙伴察觉到，三数组、四数组的推理过程好像和之前介绍的数对技巧并不是特别一样。不同的地方在于两点：

● 数对结构涉及的单元格，所包含的数字是完整的，但三数组、四数组技巧展示的题目，数字往往都是要么这里缺少一个，要么那里缺少一些；

● 推理过程也不是特别一致。数对无论是显性还是隐性，侧重使用排除和唯一余数去找，但三数组和四数组则并未涉及它们，反而是用到了"占位导致候选数不够"这种矛盾的思维。

所以看起来好像并不是那么相像。实际上，它们确实是同样的技巧类型，而三数组和四数组也只是将数对原本的技巧类型的规格进行推广了，仅此而已。我们尝试使用此处的三数组和四数组的推理逻辑来回顾一下前面介绍的数对结构，你就会发现确实是一样的了。

我们拿显性三数组来举例。

如上盘面所示，我们最开始的思路是说，如果D1或D5填入了8，就会导

致D678少一种填数情况，致使D678三个格子只能填入两种不同的数字，出现矛盾。那么我们使用这样的思路去看数对结构：

如上盘面所示。这是之前展示候选数视角的显性数对时使用的例子。请仔细观察，第9列是不是也包含两处单元格只能是1和8？

接着，我们把同样的思维套用上来。原来的思维是找到同列的别的1和8，假设它们填入。那么这里，比如我们就拿B9（1）举例。如果B9=1，那么同一列的任何其他单元格都不能再次填入数字1。如此一来，CH9两个单元格就只能填入一种候选数8了，因为1已经被去掉了。显然，CH9必须填入不同的数字。B9=1使得CH9只剩下唯一一种填数情况，这是矛盾的。

"CH9两个格子填入一种数字是矛盾的"，这不就和三数组那一个例题的推导过程"D1=8使得D678无法再填入8❶，三个格子填入两种数字是矛盾的"是一样的思维吗？所以，这里的三数组技巧和显性数对介绍的推理过程

---

❶ 这句话出自前面"显性三数组"技巧的用例的解释。

就是一样的，只是我们之前站在了另外一个角度去思考问题。

那么，"推理过程是相同的"这一点就解释完毕了。还有一个不同点是数字在三数组和四数组里相对于数对的完整状态有所缺失，那么这一点怎么解释呢？

我们再次拿数对举例。显性数对要求唯一余数的思维对两个单元格进行从1到9挨个列举填数可能，然后得到唯二可以放入的情况。那么，显性数对只会包含两种数字。如果缺少任何一种数字，这个格子都会只剩下一个候选数，那这不直接变成了真正的唯一余数了吗？为了保证一个显性数对至少结构是稳定的，当然只能是两个候选数才行。当然了，三数组、四数组也都至少是两个候选数才行，不然也会变为唯一余数的直接出数。

数对的完整性是基于它的结构的稳定性的，所以才不会有任何数字上的缺失；但三数组和四数组需要更多的单元格，因此这样的缺失不一定是"致命"的。例如我给出一个完整的三数组结构的候选数分布：

123、123、123

如果我们去掉其中一个格子的候选数1，那么结构变为：

23、123、123

它还是不是三数组呢？是不是照样是三数组啊？因为缺少的数字并不影响我们的推理过程：同一个区域下，有三个单元格只包含三种不同的数字。缺少的数字并不会影响这个所谓的"只包含"的情况，毕竟这种去掉的过程是在去掉候选数，而并不会增加额外的候选数。

同理，四数组也是一样的。完整的四数组结构的候选数分布形如：

1234、1234、1234、1234

这次我们去掉更多的数字：

12、34、14、23

这还是不是四数组的结构呢？照样是四数组，对吧？至少我们根据这个结构仍然不能唯一确定1、2、3、4的最终填数可能，而且它也没有出现任何与数独规则相矛盾的情况。我们只是去掉了可能性，所以"四个格子只有四种数字"的这一规则并未打破。

所以，数组并不会因为我们去掉一些数字，而从成立变为不成立。这一点希望你要牢记在心。

至此，数对、三数组和四数组三种技巧规格的思维我们也都说明清楚了。顺带一提，数对、三数组和四数组统称数组。所以：

- 数对是数组规格是2时的情况。

- 三数组是数组规格是3时的情况。

- 四数组是数组规格是4时的情况。

（五）区块三数组和区块四数组

显性数组的一个特殊之处在于，它内部可能会带有一个"区块"，所以可以附带一些额外的删数结论。

如上页盘面所示，这是一个显性三数组，结论是A5<>69、C5<>46和I5<>9，因为它们都和结构BGH5在同一列上。

不过，仔细观察一下，这个结构一共涉及4、6、9三种数字。而其中数字6的分布较为特殊，这三个格子里只有两个地方可以填入6，而且刚好还在同一个宫里面。这意味着什么呢？三数组的形成意味着数字4、6、9在三个格子里面进行排列组合，而6只能放在第8个宫里的这两个格子GH5之中，因此GH5中必须有一个6。这说明了GH5（6）是一个列区块结构，于是还可以对应到第8个宫里，得到"第8个宫的其他单元格都不能是6"的额外结论。

我们把一个显性数组内部自带额外区块结构的数组称为**区块数组**，也叫**数组内区块**。这个例子是三数组，因此称为**区块三数组**。

同理地，不仅是三数组可以有区块数组的形式，四数组也可以有。

如上盘面所示。第6个宫里存在一个显性四数组结构，涉及的数字是1、3、4、9。不过仔细一看可以发现，其中的1和4在宫内形成还形成了区块结构。D789和E7四个单元格里，必须也只能填入数字1、3、4、9，而对于1和4

来说，1的分布恰好只在第4行上，而4也是如此。所以1和4在此时构成了额外的区块结构。由于宫区块（因为是在第6个宫构成的区块，所以称为宫区块）的形成，所以1和4还能在第4行影响到别的格子：第4行的其他单元格都不能是1和4，因此也可以得到D1<>14这个结论。

我们把这个例子称为**区块四数组**。

（六）数组的显隐性互补

下面我们来说说，数组的显隐性**互补**机制。这一点也是理论层面的内容，但它可以帮助你更好、更灵活地使用数组结构。

如上盘面所示，这是之前的三数组的例题。细心的朋友可能在看隐性三数组的介绍内容的时候就已经发现了，其实这也可以看成一个显性的四数组结构。

我们直接将剩下没有用到的单元格组合在一起就会发现，G3456四个单元格恰好只包含1、2、3、5这四种不同的数字。这不是满足显性四数组的基本推理规则吗？而且我们还可以发现，这样得到的删数结论和前文使用隐性三数组得到的删数结论是完全一致的。

这是巧合吗？其实并不是。只要你发现一个正确的数组，无论是显性的还是隐性的，那么它必然存在另外一个与之互补的数组结构，而且互补后的数组和原本的数组在显隐性上也是互补的。也就是说，如果我发现的是显性数组，那么它必然存在一个互补的隐性数组。它们的删数是完全一样的。

不过，这是为什么呢？原因其实特别简单，你只需要把视角聚焦到这些删数上就可以了。在关注显性数组的时候，删数一定在结构的外部，而在关注隐性数组的时候，删数一定在结构的内部。这是显隐性数组本身从性质上互补的地方。而从逻辑上来说，由于你发现了一个显性数组，那么这个数组的结构就是"封闭"的。也就是说，它只需要借助这些格子就可以了，外部的候选数无论长啥样都跟它没有关系。那么，我们此时把剩下的格子给提出来看，其实就是另外一个"封闭"的结构了。因此，这种互补是显然的。

这有什么用呢？你是否想过一个问题，就是显性数组和隐性数组，到底哪一种找起来更痛苦一些？根据前面的基本技巧，隐性数组借用的是排除思路，所以在直观视角[1]下更容易看到；但在候选数视角下，显性数组就更容易被发现了，因为它们是直接暴露给我们的。候选数的标记过程用的就是唯一余数的思路。而这种思路在候选数视角的体现上，就好比是"开始就帮我标记全了所有显性数组结构的具体位置"。所以，对于候选数视角来说，隐性数组反而不太好看到。

有了显隐性互补这种机制的存在，在不同的视角下，我们可以切换不同的观察方式，从而提升一定的做题和观察技巧的速度，减少做题的用时。在什么时候用什么样的技巧是非常有讲究的，并非任何时候任何技巧都非常好用，这一点也需要你注意。

那么，数组就说完了。接下来我们将进入一个全新技巧的讲解。

三、鱼：普通鱼

要说鱼[2]是一种新的技巧的话，其实也算不上是"完全新款"，因为有一种视角和数组是类似的。但是，它的长相确实和数组不一样，而且只涉及一种数字。下面我们将介绍三个不同规格的鱼技巧，希望可以让你知道鱼的基本思维方式和推理过程的框架。

---

[1] 直观视角就是直接观察的视角。它不依赖于候选数机制，你完全可以上手去看排除和唯一余数。这种视角好在题目在完成期间会很干净，但缺点就是不易看到很多东西，体现一些较为细致的概念的时候并不是特别方便。候选数视角虽然看起来有一些麻烦，但它有一个好处就是非常细节。两种视角各有利弊。

[2] 鱼在早期被称为**链列**。这里的"链列"叫法和数组技巧以前的名称"链数"是匹配的。而"链列"的"列"的意思是阵列、排列。

（一）X-Wing

如盘面所示。请注意第3、第7行。可以发现，第3、第7行只有四个空格。这四个空格都包含候选数3，意味着第3、第7行都必须填入一次3，一共两次3。

考虑到一共要填入两次3的关系，我们只能安排它们不同行并且不同列。于是，一共有两种填法：

- C3和G4都是3。

- C4和G3都是3。

除此之外，别无其他可能。虽然我们刚才是按照"第3、第7行必须填入两次3"这一前提来规定3的填数位置的，可这两种情况可以得到一个相同的结论：第3、第4列也都有两个3，一定在CG34❶四个单元格。这句话是什么意思呢？

---

❶ CG34 就是第 3、第 7 行的第 3、第 4 两个格子，一共四个格子。

举个例子，第一种情况下，C3和G4都是3，此时第3列填入的3在C3单元格上，而第4列填入的3在G4单元格上；第二种情况下，第3列填入的3在G3单元格上，而第4列填入的3在C4单元格上。

只看第3、第4两列的话，3的最终填数只在CG34里"活动"。正是因为这个原因，第3、第4列的3就不可能填入CG34以外的其余单元格了。否则填在外侧的3会影响到CG34，使得里面不够填入两次3，出现矛盾。

因此，我们可以删除掉如盘面所示的这些候选数3。这个技巧称为X-Wing，早期也叫**二链列**。当然，也有叫它**二阶鱼**的。

下面我们再来看一个例子，希望你可以自己理解它。

（二）X-Wing和组合区块的异同

在之前学习组合区块的时候我们发现，组合区块技巧长相和X-Wing差不太多，而推理过程也基本上是一致的。

如盘面所示，该题目是之前组合区块的介绍用例。重新梳理一下推理过程，发现它其实就在使用X-Wing的推理过程。

那么，X-Wing和组合区块有什么区别呢？

与其说两个技巧的区别，还不如说一下两个技巧的关系。实际上，这两个技巧是包含关系。换句话说，X-Wing的推理过程和组合区块是一样的，因此组合区块在逻辑上是X-Wing的一种特例。但是，组合区块有一个特征，它是由两个区块构成的，而我们刚才介绍的例子并不能构成两个区块，因为四个格子完全分属于四个不同的宫。区块结构如果可以使用起来的话，至少需要让格子放在同一个宫里，而这个例子中的X-Wing是不满足区块的组合规则的。

虽说是包含关系，但是在实际使用之中，将组合区块直接称为X-Wing也无伤大雅。因此也不必过于深究命名规则和标准。

（三）三阶鱼

学完了X-Wing技巧，我们现在来看三阶的情况。三阶的推理思路和过程和二阶的唯一区别只在规格上的不同。它的思维方式和规格的升级方式，非常类似于数组。

如盘面所示，请注意第3、第6、第8列。这三列可以填入2的位置只有圈起来的8个。

考虑一下，现在这8个格子刚好位于三行三列之中。换句话说，我刚好可以找到三行和三列，可以全部包含这8个格子。这是什么意思呢？你想想看，数独规则要求什么？拿第3列来说，我们必须要填入一次2，因为目前第3列还没有2。同理，第6列和第8列也都缺少2的提示信息，因此三列一共要填入三次2。不过，由于这8个位置刚好放在三行三列之中，那么无论我如何去安排数字2的位置，2都不会跑出我们框定的范围。就拿第2、第7、第8行这三行来说，2的填数位置只可能在这8个圈起来的格子里随便变动。三列要填入三次2，而2必须在不同行列出现，那么最容易了解到的填法就是，第2行、第7行和第8行分别安排一次2在圆圈里，就可以不冲突地完成三次填2的"任务"。

实际上，也确实只有这一种情况。那么，2已经只能填在圆圈里了，而且每一行也都会出现一次2，那么第2、第7、第8行的其余单元格是不是就不可能填入2了呢?

答案是肯定的。毕竟2都安排在圆圈里进行所谓的排列组合了。因此,第2、第7、第8行其余单元格里的所有2,都可以去掉。

我们把这种技巧称为**三阶鱼**或者**三链列**。它的英文名叫swordfish,即**剑鱼**。

（四）四阶鱼

"三阶鱼"的命名逻辑想必不用我解释了吧。下面我们来看四阶鱼。

如盘面所示。这次请看第3、第4、第6、第7行这四行。

这四行可以填入7的位置只有圈起来的15个地方。虽然15这个数字有点大,但是对于这样的结构来说,也是合乎常理的大小。请注意数字7,可以发现数字7刚好只放在四行四列之中。和前一个例子的思路一样,我们也可以拿四行四列把这15个格子给框起来。

首先,第3、第4、第6、第7都没有出现7,因此我们一共需要在这四行之中填入4次数字7。但是,它们总位于四行四列之中,因此无论我如何安排数字7的填数,只需要让它们处于不同行列即可。

于是就会发现，四行四列的分布只能有一种情况，那就是在这些7的所在列（第1、第2、第5、第9列）也必须填入4个7，而且它们也都只能在圈起来的这15个格子内进行变动。无论如何变动，由于要填入4次数字7，那么这四列刚好每一列都会安排一个7的填数，这是刚好的。所以，这四列的任何其他格子，都是没有可能填入7的，毕竟7刚好在这四列被安排完，都放在圆圈之中进行位置的排列组合。

这个题目的逻辑是从前面的三行三列升级为四行四列，因此称为**四阶鱼**，也叫**四链列**。它的英语名jellyfish则指代的是**水母**。

（五）鱼的残缺

之前我们介绍了三种规格的鱼结构。它的推理过程比较类似于数组，也分为不同规格的数组结构，比如数对（二数组）、三数组和四数组。

下面我们来看看鱼的第一种特征：**残缺**。

如盘面所示。推理过程就不多说了，提示一下，你可以试着看圆圈所在的分布行来确定删数的原因。

这里我们要说的一个特征是，这些数字7的位置特别奇怪，参差不齐。比如，第1行一共有三个7的位置，第3行也是三个7的位置，但是剩下两行（第6、第7行）却只有两处可以填入7的位置。这种缺少使得鱼不再是正常的"三行三列的9个格子全部都可以填入7"的情况，我们称为鱼的残缺。

像这种东西也可以叫鱼吗？它也可以得到合理的删数吗？答案是可以的。我们回忆一下数组部分的内容：

"数组并不会因为我们去掉一些数字，而从成立变为不成立。"

为什么说中间缺少的数字并不影响数组的推理过程呢？因为数字的缺少仅代表排列组合情况的减少，并不会增加额外的填数可能性，因此排列组合仍然还是在这些数字之内发生的。

那么鱼呢？鱼的残缺也可以用这样的思维来解释和理解。有小伙伴会觉得，鱼技巧用到的数字是完全一样的，并没有数组那种数字不同的情况，怎么可以用同样的思维呢？那么我们试着将视角变换一下。

我们仍然使用这个例子来举例说明。

这个结构用到了第1、3、6、7四行的所有填入7的位置。我们根据每一个7在这一行的第几个格子编个号。

比如，第1行出现7的可能位置是A259，那么我们就把2、5、9取出来；接着，第3、第6、第7行同理。按照这样的思路进行操作，这四行取出来的数据分别是：

259、289、89、25

这些数据共涉及2、5、8、9四个数，若将它们视为一个单元格的候选数的话，那么整个鱼结构涉及的四行数据被浓缩为了这四组数值。这四组数值是不是就相当于数组技巧里同一行的四个单元格里的候选数分别是这样的情况？这四个数并没有超出2、5、8、9的范围，因此可以构成一个正确的四数组结构；那么反过来看，题目里给出的四阶鱼结构就是正确的。

这种把一个区域的不同填数位置浓缩成一个单元格的不同候选数的思维称为对鱼结构的**降阶**。

采用这种视角是为了让你可以理解鱼和数组在思维方式上的一致性。如果单纯从鱼的角度出发，我们也可以解释为什么鱼的部分缺失不影响鱼的推理过程和思路。鱼实际上就是同一种数字的不同位置填数的分布关系，而只要是n行n列，鱼结构就是成立的。部分填数位置的缺少只是减少了排列组合的一部分情况，但它并未增加额外的填数位置，也并不会让数字填在结构的外侧。只有当数字填在结构的外部，才会真正影响到结构的成立和形成。所以，就这一点来说，它和数组就是一致的；而它也确实可以说明，鱼的缺失并不影响推理。

（六）鱼的互补

鱼的第二大特征就是互补性了。它的思路非常像是一个数组，所以数组有互补，鱼也应当有互补的结构。

我们来举个例子说明一下，鱼是如何互补的。

如上盘面所示。这是一个合理的、关于数字5的三阶鱼结构。这一次我们要把视角切换到列上来看。我们发现5在第1、第4、第9列只能放在这6个格子里。

推理过程就不细说了，结论是有五个5可以被删除。细心的小伙伴可能看到了另外一个鱼结构，它也能推导出相同的删数结论。

如右盘面所示，我们用方块来表示另外一个鱼结构。这次我们要注意的是第1、第4、第8行的5的分布。

是的，这两个鱼结构的删数是一致的。这是巧合吗？并不是巧合哦，下面我们来看看为什么。

我们将两个鱼结构所涉及的单元格给标记出来（这次我们把完整版标记出来，包括本来应该涉及但实际上已经被提示信息占了的地方）：

我们发现了一个有趣的现象：打叉的位置刚好是圆圈标记（按照第1、第4、第9列形成的鱼结构）和方块标记（按照第1、第4、第8行形成的鱼结构）的交点。而所有打叉的位置，应该是两个鱼结构本都可以删除的所有理论正确的位置。

这能说明什么呢？我们来看这个流程图。鱼结构的删数思路和规则大致是：

```
┌─────────────────────────┐        ┌──────────────────────────┐
│  找到若干行内只填这些格子的地方  │        │  当然这里也可以是"若干列"    │
└─────────────────────────┘        │ （不过下面一步是改成"若干行"） │
            │                       └──────────────────────────┘
            ▼
┌─────────────────────────┐
│  发现所有位置都只在若干列之中  │
└─────────────────────────┘
            │
            ▼
┌─────────────────────────┐
│           删数           │
└─────────────────────────┘
```

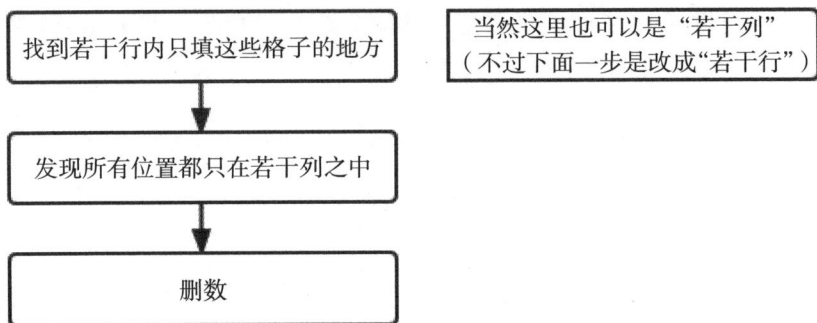

刚才的例子里有两个删数完全一样的鱼，只是推理过程的初始条件是反着来的。这并非巧合，而是被精心安排过的。

那么，至此我们就将普通鱼技巧给大家全部介绍了一遍，不知道各位是否有所收获呢？下一部分我们将探讨新的数独技巧：**鳍鱼**。

四、鱼：鳍鱼

实际上，三阶和四阶的鱼结构较少出现也较难发现。但是，鱼结构也不是只能去那么使用，下面我们要介绍一个新的概念：鳍。相信各位对鱼鳍比较熟悉，它是鱼身上的一个部位。而在数独中，鱼是一种技巧或结构，那么带鳍的鱼自然就是鱼技巧的拓展。它是鱼学习起来的一个难点，但也是可以让我们更加灵活地使用鱼结构的一个有趣的技巧点。

（一）鳍X-Wing

如右盘面所示，我们观察发现，第2、第4行共有5处可以填入3，分别是B156和D15。假设我们抛开方块标记的这个3［即B6（3）］不看的话，那么第2、第4行只剩4个可以填入3的位置，而且刚好构成两行两列的框，这样的结构就满足X-Wing的基本推理过程，自然删数的范围就是第1、第5列其余位置的3了。

可问题就在于由于B6（3）的客观存在，我们无法这么做。那么我们不妨试试讨论两种情况：

- 如果B6<>3，那么X-Wing结构成立，删数的范围是第1、第5列其余的3。
- 如果B6=3，则根据基本的排除法，B6所在的行、列、宫（第2行、第6列和第2个宫）的其余位置都不能填入3。

因为我们无法继续推理，因此我们只能使用合取❶来寻找删数，即找到两种情况下都可以删除的数字。

B6<>3的情况　　　　　　　　　　B6=3的情况

---

❶　所谓的合取就是取出两种情况都可以得到的结论。数学上一般称之为交集。

由于刚才的推理过程只有这两种情况可能正确，因此两种情况都满足的删数必定是正确的删数，那么我们可以看到，只有AC5（3）两个候选数是两个情况都可以排除的。因此，这个技巧的结论就是AC5<>3。

这个技巧使用到了X-Wing，但又不太像是X-Wing的结构。我们把X-Wing结构外侧多出一个区块影响推理的情况称为**带鱼鳍的X-Wing**，简称**鳍X-Wing**，也可以叫**二阶鳍鱼**。另外，我们还把B6（3）直接称作鱼鳍。

当然，鱼鳍不一定只有一个。有些时候，可以同时有两个鱼鳍。我们来看另外一个例子。

如盘面所示，这是一个有两个鱼鳍的例子。

如果我们同时去掉EF8（4）的话，第6、第8列所有的4才会构成正确的X-Wing结构，并且得到删数（范围是第2、第4行的其余4）。

由于EF8（4）的客观存在，所以X-Wing结构不能直接使用。那么，我们只能讨论两个鱼鳍的情况：

- 如果EF8<>4，则X-Wing结构形成，删数范围是第2、第4行其余单元格的4。

● 如果E8=4或F8=4，则EF8将构成一个关于4的区块结构，排除第6个宫
和第8列其余位置的4。

对比两种删数结论，我们可以发现，两种情况都可以删除的只有D7（4）。
当然，D9（4）也在范围之中，毕竟两个图都可以排除到D9单元格。不过，由
于D9没有候选数4，所以它就被我们自动忽略掉了。因此，D7<>4是这个技巧的
结论。

EF8<>4的情况   E8=4或F8=4的情况

这个题目仍然称为鳍X-Wing。

鱼鳍的数量还能更多吗？答案是不能了。要想得到正确的、严谨的并且
存在的删数，鱼鳍最多只能有两个，而且只能位于同一个宫之中，例如这个
题目呈现的那样，两个鱼鳍均位于第6个宫之中，即我们只能让一个区块替换
掉单数结构。

（二）三阶鳍鱼

说完了二阶的，现在来说说三阶的鳍鱼。

如盘面所示，这次我们观察第2、第6、第8行。

这三行里一共有8处可以填入3的位置。相比普通鱼，这里F8的单数3被替换成了F89区块。如果我们忽略掉F9（3），那么剩下的7个可以填入3的位置刚好位于三行三列之中，这样就构成了三阶鱼结构。不过因为F9（3）客观存在，所以我们不能直接得到这个结论。

那么如何继续推理呢？分情况讨论一下：

● 如果F9<>3，则剩下的结构构成三阶鱼，删数是第4、第7、第8列其余位置的3。

● 如果F9=3，则根据排除法，F9所在的行、列、宫（第6行、第9列和第6个宫）的其余单元格都不能填入3。

通过这两种情况的合取，我们发现结论只有D78（3）是两种删数情况都包含的候选数，因此D78<>3是正确的删数。

这个技巧称为**三阶鳍鱼**，也叫**带鱼鳍的三阶鱼**、**带鱼鳍的剑鱼**、**鳍三阶鱼**、**鳍剑鱼**等。

下面给各位看另外一个三阶鳍鱼的例子，希望各位读者可以自行理解。

如盘面所示，这个题目的结论是DF89<>1。

（三）四阶鳍鱼

最后我们来看一下四阶鳍鱼。

如盘面所示。如果我们忽略B7（7）的话，那么第2、第5、第6、第9行的所有7就会构成一个四阶鱼结构，因为这些7刚好在四行四列之中。那么此时的删数结论就是第4、第6、第8、第9列其余位置的7。

不过由于B7（7）的客观成立，我们无法直接删除这些数字，于是需要讨论两种情况：

- 如果B7<>7，则四阶鱼结构成立，第4、第6、第8、第9列其余位置的7都可以删除。
- 如果B7=7，则按照排除法，B7所在的第2行、第7列和第3个宫其余位置的7都可以被删除。

合取两种情况的删数，我们发现，只有A8（7）是两种情况都包含的候选数，因此A8<>7是这个题目的结论。

（四）鳍鱼的互补

下面我们来说一下鳍鱼的特征。

由于鳍的特殊存在，因此鳍鱼没办法像是数组那样等价转换，也没有办法进行降阶处理和理解；但是鳍鱼仍具有互补的性质。我们来看看。

如上盘面所示，我们还是拿出刚才讲解的四阶鳍鱼的例子给大家介绍互补性。我们之前说过，鱼的互补其实就是把推理所用的行转为列，列转为行，然后找到没有用到的格子进行交叉，反推得到删数。

那么，这个例子我们也可以这么做。首先我们确定删数的位置［A8（7）］，然后找到没有用过的候选数7，构建鱼结构。这个时候，我们可以先不管鱼鳍。

如下盘面所示，圆形表示的是原始的鳍鱼使用的格子；而正方形表示的则是我们找到的、原来没有用过的候选数7的格子构成的新的鳍鱼结构。

仔细观察新找到的鱼就会发现，这个结构只是变换了行和列的推理过程，但是鱼鳍照样是没有变动的，删数也没有变动。这便是鳍鱼的特征：鳍鱼互补的时候，基本满足标准的鱼的互补规则，不过鱼鳍在互补之后没有变动，删数也不会变动。

鳍鱼的基本推理和互补性就全部讲完了。鱼的内容就告一段落了。接下来我们将要继续进行新的技巧学习。

五、短链技巧

接下来我们将学习的新技巧叫**短链技巧**，简称**短链**。短链技巧按照分类主要包含如下的两种：

- XY-Wing、XYZ-Wing、WXYZ-Wing等。
- W-Wing。

因为这两类技巧的名字中都带有Wing这个单词，因此统称为Wing技巧。因为它们的用途和推导规则都比较短小，删数也比较容易得到，根据链条一样的线索进行逐步破解，因此这样的技巧称为短链技巧。

下面我们针对这两类的短链技巧进行讲解。

（一）XY-Wing

如盘面所示，我们仔细观察D1、D4和E2三个单元格。观察它们的目的是仔细看候选数的分布情况。

D1此时只有1和6两个候选数，别无其他。而D1和D4同行、D1和E2同宫，"同行"和"同宫"意味着数字不能相同，这一个概念我们已经强调过很多次了。

那么思考一下：D4和D1不能相同，而D1和D4是都含有数字1的，那么D1和D4不能都是1；而D1和E2都包含候选数6，那么D1和E2就不能都是6。

而如果随意往D1填入一个数字，就意味着D4（1）或者E2（6）不能填入（即D4<>1或者E2<>6这两个结论至少有一个是对的）。再仔细观察D4和E2，我们发现，D4和E2包含相同的候选数9。既然D4（1）或者E2（6）不能填进去，那么是不是就说明D4和E2这两个格子至少会填入一个9？

那么，D4或E2至少有一个单元格是填入9的。这意味着什么呢？请仔细找找这两个格子所在的行、列、宫的单元格。学学鳉鱼用到的思路：由于目前只有这两种情况是成立的，因此只要我们能找到两种情况全都能导致的结论，那么这个结论就必然是对的。那么我们的关注点就可以直接放在D123和E456这六个单元格上了。为什么是这6个单元格呢？因为D123和E456是D4所在的行、列、宫的其中6个格子，而它刚好也是E2所在行、列、宫里的其中6个格子。

倘若我们直接在D123或E456里随便找一个格子填入9，就必然会导致D4和E2同时排除9，这样D4和E2就都不能填入9了。我们刚才说到了D4和E2必须至少有一个是9，而这个前提会直接使得两个格子同时不是9，导致矛盾。如果你依然理解不了的话，可以试着代入进去看。

我们设定D123或E456中的任意一个格子填入9，那么D4<>9、E2<>9。此时我们得到唯一余数的结论：D4=1、E2=6。再次往回观察，发现此时D1就没办法填入任何合理的数字了，因为D4=1使得D1<>1，E2=6又使得D1<>6。这样也会导致矛盾。

那么，最开始的假设（D123或E456里有一个格子填入9）是错误的。正确的结果就是把这个假设内容反过来说，即"D123和E456没有任何一个格子填9"。因此，我们可以直接排除掉D123（9）和E456（9）。这就是这个技巧可以得到的结论。

我们把这个技巧叫作XY-Wing。这个名字里面的XY有两种解释：

● XY分别指代的是D1的两个候选数。比如我们可以假设其中的D1（1）是X，而D1（6）是Y。

● XY表示的是这个技巧用到的三个格子全都只有两个候选数[1]。

在命名上这两种解释都说得通。下面我们继续探讨XY-Wing技巧。

（二）深入理解XY-Wing

我们继续深入理解一下这个技巧。这个技巧的推理过程有些过于烦琐而导致很多新人数独玩家对它非常畏惧。

1. XY-Wing的"公式"

首先要说的是这个技巧的结构和删数。为什么这样的结构可以有删数结论？如果真是这样的话，有没有什么通用的"公式"可以使用？

实际上是有的。我们刚才说到，这个技巧的推理过程用到的全部是两个候选数的格子，而仔细观察这些格子可以发现，它们的候选数可以总结成这个样子：

$$xy、yz、xz$$

即三个格子一共会用到6个候选数，但这6个候选数只有三种不同的数字出现，而且刚好满足一个"轮回"。其中的"xy"指的是第一个单元格，即我们刚才题目里用到的D1；而"yz"和"xz"则对应后面的D4和E2。x和y在

---

[1] 我们把"只有两个候选数"的单元格称为**双值格**。这个概念现在用得还比较少，后文提到的部分技巧会广泛用到这个概念。

这里代指的是题目之中的候选数1和6；而多出来的z指的是删数的那个数字
（题目之中是9）。

所谓的"轮回"，说的是三个格子的候选数按照字母x、y、z表示出来就
会像上面那样，$xy \to yz \to zx$。当然，这只是帮助你记忆这个结构的"公式"，
本身没有什么意义。

再次观察结构，其中的yz和xz是用来对应删数用的格子，而它们不同行、
不同列、不同宫。但是，它俩都和xy处于同一个区域。这就是XY-Wing结构
的基本"公式"：

- 三个格子，6个候选数。

- 其中有两个格子不同行、不同列、不同宫，但这两个格子可以共同对
  应到同一个格子上（即有一个格子和这两个格子处于相同区域）。

- 候选数满足一组"轮回"。

按照这个思路想下去就可以了。下面我们来看看另外一个例子。

如盘面所示。这次我们把"**拐点**"设为A2单元格。A2有6和8，它所在的

行和所在列有两个单元格刚好分别包含6和8，并且也都包含同一个候选数2，这俩单元格还不同行、不同列、不同宫。

这些条件就足以构成XY-Wing。而推理过程也比较容易：由于刚才的位置关系，A4和F2两个单元格必须至少有一个2才行，否则就会导致A2单元格无法正确填入任何合理的数字。这就是矛盾的。

因此，A4和F2至少有一个是2，那么就可以得到F4<>2。因为F4=2会同时让A4和F2不能是2，它是这个题目里唯一一个可以导致矛盾的候选数位置。

2. XY-Wing的逻辑严谨性

我们回到刚才XY-Wing的推理过程之中来。有一个细节你可能已经注意到了。我们拿出刚才的题目。

如盘面所示，前文提到：

"倘若我们直接在D123或E456里随便找一个格子填入9，就必然会导致D4和E2同时排除9，这样D4和E2就都不能是9了。"

那么问题来了。D1不是结构的一员吗？"D123和E456"这个坐标里，应不应该包含D1呢？是应该包含D1，还是说前面的介绍文字是为了先帮助我们理解而没有细致处理D1单元格这一特殊情况？

实际上，D1是不满足我们排除候选数的范围的。正常的逻辑推理过程之中，只有5个坐标是可以删数的：D23和E456。和前面的解释一样，是因为帮助我们理解所以没有细致处理D1这个特殊情况。

试想一下，如果D1包含了删数9的话，这个XY-Wing还可以推理吗？答案肯定是不能了。因为D1已经有三个候选数了。而在之前的推理过程中，三个单元格全都必须只能有两个候选数。若D1有三个候选数，XY-Wing直接就不成立了，根本不用看后面的推理过程了。但这并不意味着D1含有候选数9就无法得到正确的删数。下面我们来说一说它的推广。

（三）XYZ-Wing

如盘面所示。仔细观察这个题目的技巧的结构，它很像是XY-Wing，唯一的瑕疵是拐点E1包含了三个候选数。这刚好符合我们刚才留下的疑问所满足的结构。

我们不妨仍然按照鳍鱼的思维去推理这个结构。由于这个E1（4）是多出来的，它影响了XY-Wing的推导，因此我们就讨论两种情况：

- 如果E1<>4，那么XY-Wing结构成立，删数为D3（4）和G1（4）共同对应的地方（即刚好与D3和G1都处于同一个区域的单元格）。
- 如果E1=4，则只能按照基本的排除法，E1所在的行、列、宫的其余单元格此时都不能是4。

我们找出两种情况各自的删数，然后对比一下：

E1<>4的情况　　　　　　　　　E1=4的情况

对比两个图可以发现，F1（4）是两种情况都可以删除的唯一候选数。由于这种讨论是严谨的，所以只能有刚才的两种情况成立，那么两种情况都满足的就一定是结论了。因此F1<>4就是这个技巧的结论。

我们把这个技巧称为XYZ-Wing。这个技巧的名字多了一个字母Z，暗示了这个技巧结构的拐点包含三个候选数，其中有一个数字就是拿来删数用的。

（四）XYZ-Wing的结构"公式"

其实不必多说。它其实就是XY-Wing的基础上加了一个候选数z。因此公式就长这样：

$$xyz、xz、yz$$

其中的候选数z是三者都有的，它才是这个技巧可以删除的数字。

（五）还有没有规格更大的"这个叫作什么Wing来着"的结构呢

实际上是存在的。按照规格来看，这个技巧是可以继续进行推广的。比如，下面的这个例子用到了四个数字，结构是这样的：$wxyz、wz、xz$和yz，一共四个格子。

如盘面所示，这是一个带有四个"分支"的XY-Wing，叫WXYZ-Wing，就是将四个字母堆叠起来暗示拐点B2包含四种不同的候选数，整个技巧也只用四种候选数的意思。

当然还有更大规格的Wing结构。因为它跟数组和鱼不太一样，因此这种技巧包含更大的结构：

如盘面所示。这个技巧叫作VWXYZ-Wing，包含5种数字：1、4、7、8、9。当然了，它的逻辑和XY-Wing还有XYZ-Wing较为相似，因此就不必重复说明了。有兴趣的小伙伴可以自己理解一下。

这种技巧的推理难度和XY-Wing差不太多，但是由于规格较大，因此在观察上难度更大。而且，这样的技巧"存在感"很低，在平时的做题练习期间，几乎遇不到。我在自己的电脑上存储了非常多的练习题和讲解用的题目，但其中用到VWXYZ-Wing技巧的只有这一个。当然，我们并不排除这样的技巧的存在性，但这样的技巧都能遇到，"幸运"程度足够去买彩票了，因此这道题用来观赏也是极好的！

（六）W-Wing

下面我们来说一个名字带Wing，但实质上在运用过程中和前面的这些Wing技巧完全不同的全新技巧——W-Wing。

如盘面所示。我们注意到这个题目中有两个单元格候选是一样的：D7和H9都只包含候选数2和9。这俩单元格也恰好不同行、不同列、不同宫。

请注意第2行。第2行的候选数2有一些特殊——只有B79两个单元格包含。换句话说，第2行能填2的地方只有B79，其他的单元格都不行。

思考一下：B79（2）必须有一个是对的（即要么B7=2，要么B9=2），而我们发现的D7和H9两个单元格，恰好D7和B7同列，B9和H9同列。这意味着什么呢？这意味着B7和D7不能填入相同的数字；而B9和H9也不能填入相同的数字。

不管B7=2还是B9=2，由于D7和H9的候选数完全一样，因此D7和H9此时也至少会有一个格子不能填入2而只能填9。这就和XY-Wing很相似了：XY-Wing最终发现的两个格子虽然不同行、不同列、不同宫，但由于具有相同的数字，于是可以直接得到删数结论，用到的就是这个数字；而这个题目的9就充当了这个角色。由于D7和H9至少有一个是9，所以和它俩同一个区域的格子就不能是9了。仔细观察就可以发现，满足这样的格子一共有6个：DEF9和

GHI7。但是，因为有部分格子被提示信息占据，因此最终只有四个格子（E9和GHI7）不能填入9。所以，E9<>9和GHI7<>9是这个题目的结论。

可以发现，这样的删数过程和XY-Wing极为相似，所以这个技巧也带有一个Wing；而这一次，因为XY-Wing、XYZ-Wing等属于这一"门派"的技巧已经用过了X、Y、Z这样的字母了，因此这个技巧干脆用了一个X之前的字母W来命名技巧：W-Wing。

（七）W-Wing技巧的"公式"

W-Wing技巧的结构有"公式"吗？答案是有的。我们注意到，有三个地方是我们需要引起注意的：

- 包含两个候选数均为wx的单元格。
- 这两个单元格分别可以对应到两个不同的单元格上，而且这两个单元格又是同一个区域的。
- 这两个单元格是其所在的同一个区域下唯二可以填入数字x的单元格。

只要满足这样的情况，我们寻找W-Wing的任务就完成了。但一定要注意，删数结论是跟w有关的，但我们推理期间用到的数（即上面所说第2点里包含的这两个格子中的候选数）却是数字x。这一点请一定记清楚，否则会导致错误的结论。

非要写成类似前文的XY-Wing公式，那就是这样的：

$$wx、x、x、wx$$

删数位于两个wx单元格能共同对应到的地方，我们删去两格中共同影响区域格内的共同数字w。

（八）W-Wing名字上的争议

在中国，W-Wing有时候也被称为Y-Wing技巧。实际上，"Y-Wing技巧"这种称呼是不妥的。因为在技巧的命名上，Y-Wing实际上指代的是另外一个数独技巧：XY-Wing。这就要说一下XY的意思了。

还记得前文是如何说明XY-Wing中XY的由来吗？文中用了两点来描述，其中的第二点可以推广到其他技巧的命名中，如XYZ-Wing的Z、W-Wing中的W。但是第一点还没有详细描述。

在命名这个技巧的时候，X和Y分别表示两种不同的情况：

- X：**某一个数字自己的关系**（比如，鱼技巧只用到同一种数字的摆放情况。想一想X-Wing技巧，你就明白了）。

- Y：**某一个单元格的关系**（比如，XY-Wing技巧涉及了三个单元格，讨论过程也都直接跟三个格子相关，行、列对应的排除也只是在得到假设之后往下推导的结论）。

而从这个角度来思考的话，XY-Wing叫作Y-Wing就很容易理解了：因为XY-Wing技巧用到的全是格子内部的填数情况；而叫W-Wing则不好理解：因为 wx 两个格子虽然是这里所描述的"Y"关系，但是别忘了我们还有一个条件需要满足，就是两个 wx 格子需要各自对应到两个不同的格子上，而这两个格子处于同一个区域，并且它们是这个区域唯二可以放 x 的格子。从这个角度出发，它又用到了"X"关系。

X、Y两种关系混用之后，技巧名就成了"XY-Wing"，这就重名了。而真要按照这个思路去命名，我个人更喜欢叫它"YXY-Wing"。因此，将W-Wing称为Y-Wing技巧是不妥的。

详情可以查看两篇英文文章对Y-Wing（即XY-Wing）的介绍：http://sudopedia.enjoysudoku.com/Terminology.html#Y和https://www.sudokuwiki.org/Y_Wing_Strategy。

至此我们就将W-Wing技巧介绍完了。短链技巧就全部结束了。下面我们将进入一个新的技巧的学习。

六、唯一矩形

现在我们来学习一个新的数独技巧，它的结构比较容易记住——**唯一矩形**。

唯一矩形有一个比较奇特的性质，它需要依赖题目唯一解的基本性质才能进行推理。它和前面用到的技巧都不同，前面的技巧是没有使用唯一解这个手段来判断矛盾的，而这个技巧需要。

唯一矩形技巧一共包含4种常见的用法和模型，它们的推理过程都大致相同，但在细节处理和得到矛盾方面有所不同，我们一般分别称它们为类型1、类型2、类型3和类型4。下面我们就对这些类型逐一进行说明。

（一）唯一矩形类型1（标准类型）

如盘面所示。请关注CD13四个单元格。其中有三个单元格只有候选数3和5，而还有一个单元格，除3和5以外，还有额外的候选数1。

我们思考一个问题：如果D1<>1的话会发生什么事情？如果D1<>1，则D1

只有3和5两个候选数，这样的话，CD13四个格子全都只有3和5两种候选数了。这样的结构其实是不能在任何一个拥有唯一解的数独题目里出现的。那么一旦出现这个结构之后，这个题目就算是得到了矛盾，因此"D1<>1"这个假设是错误的，D1=1是这个技巧可以得到的结论。

那么，前文提及的"这个结构不可能出现"是为什么呢？如何去理解和观察呢？下面我们来对这个结构做一个简要的说明。

假设CD13全都只有3和5，我们现在去说明它是错误的、不可能成立的结构。仔细观察一下，这个结构用到了三个特征：

- 涉及四个单元格、两种候选数。
- 四个单元格构成了长方形（矩形）的形状。
- 四个单元格分属于两个宫。

提及这三点是为了什么呢？思考一下，这样的四个格子，构成长方形，而且还只涉及相同的两种数字，那么对于这四个格子而言，应该只有两种填数可能：

- C1=3、C3=5、D1=5、D3=3。
- C1=5、C3=3、D1=3、D3=5。

我们将这两种可能分别代入题目之中，来看看效果：

对比两个图可以发现，我们仅仅是换了CD13四个格子的填数，然后，根据基本的排除法，将CD13所在的行、列、宫的3和5给排除掉之后，两个盘面对应的候选数情况和提示信息全部是一致的。

这表示什么呢？这表示题目可能存在两种不同的解。还记得"解"的意思吧？就是答案的意思。因为这个题目剩余的空格里，候选数全部是一致的，而题目是唯一解的，所以我们肯定可以继续做下去。

C1=3、C3=5、D1=5、D3=3　　　　　C1=5、C3=3、D1=3、D3=5

　　假设我们跳过这些做题步骤，将空格全部填满数字。那请你思考一个问题。因为两个题目的候选数是一样的，所以左图里空格的填数就应该和右图里空格的填数是完全一样的，对吧？

　　可是，我们仔细观察就会发现问题所在。CD13是交换过的啊！CD13此时是3和5的"可交换"结构。所谓的"可交换"指的是3可以改成5、5可以改成3，就像是在交换数字一样。但是，题目又是唯一解的，两个题目剩余的空格虽然可以完成，但是就CD13来说已经存在两种不同的填法了。

　　这种现象是可能存在的吗？显然是不可能的。否则的话，左图得到的答案和右图得到的答案就CD13部分已经不相同，就应该是两种不同的解。而题目是唯一解的，这种情况怎么可能会出现呢？所以，CD13交换了数字还能让空格唯一，这种现象在唯一解的题目里是不可能存在的。正因为如此，这个结构［即CD13（35）］就不可能出现。

　　因此，原始假设的D1<>1就是错误的假设，毕竟根据假设D1<>1才有后面的这些推理过程，对吧？所以，D1=1才是正确结论。

　　我们就把此时的CD13（35）称为唯一矩形结构。注意，这个结构里是包含D1（35）这两个候选数的，虽然结论里D1=1，是把3和5排除掉了，但是结构是包含的，这一点要注意。而在名称上来说，矩形指的是长方形，所以这个技巧其实就是在说两点：唯一（唯一解的利用）和矩形（即长方形的形状）。至于技巧为什么不直接叫"唯一长方形"，大概是因为不够术语吧。

（二）深度剖析唯一矩形

好了，唯一矩形技巧我们就说完了。但是，唯一矩形推理过程中的一些细节我们尚未提到，下面我们将补充说明，让你能够更好、更快地找到它们。

还记得前文提到的唯一矩形的三点特征吗？

● 涉及四个单元格、两种候选数。

● 四个单元格构成了长方形（矩形）。

● 四个单元格分属于两个宫之中。

这三点似乎在推理过程之中没有用到。其实，它们在结构里已经全部用上了。

先说第一点用在了哪里。仔细观察结构，我们要想题目可以产生交换，势必只能包含两种候选数。因为如果多了的话，数字就有额外的填法了，导致这种交换不成功；换句话说就是，有额外数字的干扰，就没有唯一填满四个格子的情况，因此不能构成合适的交换。四个单元格这个就不多说了，因为要考虑交换，最少就得有4个格子。

然后是第二点。如果结构并非矩形的话，能否正常构成交换呢？来看一个例子。

在这个例子里，我们发现A1、B3、D3和E1四个单元格只有数字4和6。这是唯一矩形结构吗？好像4和6可以交换。

实际上并不是这样。我们在推理过程中还用到了一个比较重要的点：交换之后对盘面剩余空格的候选数不产生影响。换句话说就是，两种不同的填法要让剩余空格的候选数状态完全一致。

但这个题不行。请仔细对比在两种填法下，剩余空格的候选数分布情况：

填法1　　　　　　　　　　　填法2

如盘面所示。剩余空格的候选数分布发生了改变，比如，E4就不一样。左图里的E4只有候选数9，而右图里的E4包含6和9两种数字。

有朋友肯定会提出疑问，为什么会这样呢？因为就E4而言，交换填数的四个位置中，对它产生影响的唯一位置是E1，而根据E1的填数不同，对它的候选数产生的排除也是不同的。若E1=4，则排除E4（4）；若E1=6，则排除E4（6）。两种排除结论显然会造成不同的候选数状态。

我们回头再来看唯一矩形的正确结构。

填法1   填法2

可以发现，对于任何一个位置，3和5的交换都不影响空格的填数规则。在这个例子里，CD13原本是一个关于3、5的显性数对，而数对技巧我们在之前已经有所了解，它内部的填法并不会真正影响到推理过程。它只是一种数对最终的填数情况，而不是推导的决定性条件。

当四个格子构成矩形时，填数（如这里的3和5）产生的排除结论是绑定的，交换也不会影响排除结论；当四个格子构成非矩形（如前面的例子中4和6填数构成梯形）时，两个填数只能单独地产生影响，这就不满足"交换也不会影响空格的填数"。

那么说说第三点。其实第三点也和第二点类似，它也用于保证唯一矩形能够同时让两种填数都影响到空格。

考虑这个例子。CG19的确构成矩形，但它仍然不能被视为唯一矩形结构。为什么呢？

问题出在它们分属于四个不同的宫。我们对比两种交换之后的盘面：

填法1

填法2

对比之后我们可以发现，当矩形的四个角分属四个宫之后，只有其中一种数字会影响到顶点单元格自身所在宫里的候选数，这样两个盘面就不一样了。

比如左图里，由于C1=2的关系，A2包含候选数3和7；而右图里，由于C1=3的关系，A2此时包含的则只有候选数7。

这样的话，两个图的候选数状态并不一致。因此这个结构不满足唯一矩形的推理过程。这也是第三点需要满足的真正原因。不是说结构构成矩形就可以了。顶点单元格分属于四个宫仍然是不可以使用唯一矩形技巧的。

至此，我们就将唯一矩形的基本推理思路给大家说明了一遍。前文提及的那三点规则希望大家牢记在心，不要漏掉任何一个细节。

使用唯一矩形技巧时，需要注意结论。比如前文提到的例子中，结论是D1=1还是D1<>35？

在我介绍例子的时候，我说结论是D1=1，但是在图上体现的结果却是D1<>35，因为用候选数删去了3和5两种情况。那么问题来了，到底D1=1还是D1<>35才是结论呢？

有的朋友可能觉得这个问题听起来很奇怪：D1不就只有三个候选数1、3、5吗？D1<>35不就是D1=1的意思么？

这里并不是想单纯阐述这个题目本身。有一种唯一矩形的使用情况，是得到结论的这个格子不只包含三个候选数。如盘面所示。

这个题目有两处唯一矩形的结构。不过这次，多出来候选数的格子不只是三个候选数了：有一个包含5个候选数H8（23467），而另一个则包含了6个候选数B7（134689）。由于候选数更多了，所以显然是不能得到出数结论的，那么我们能否按唯一矩形的思维去找到合适的结果呢？

我们照着唯一矩形的思路推理一下，比如我们来看BI79四个单元格。

先思考一下，我们应该如何假设才能得到矛盾？在最开始的例子里，C1单元格包含三个候选数，而我们是假设它去掉1之后，结构只剩下3和5；那么我们不妨也这么去假设：假设B7单元格不是3、4、6、9中的任何一个数字。

如果B7<>3469的话，那么它只剩下1和8两种可能了，于是BI79就构成唯一矩形，因为满足这三点：四个格子两种候选数、分属于两个宫、矩形形状。

细节就不用多去推理了，因为是完全一样的，只是把数字换一下，改成这里的1和8就行了。最后我们可以根据逻辑得到唯一矩形的矛盾，所以假设是错误的。而这次我们假设的是什么呢？B7<>3469。那么它的相反情况是什么呢？"不填3、4、6、9中的任何一个数"的相反情况就只可能是"3、4、

6、9里面有一个是B7应该填的数字"。

所以，B7只能填入3、4、6、9中的一个，而不可能是1和8，于是我们就可以排除1和8两种可能了。

按照这个视角来看，唯一矩形结构正确，逻辑推理严谨，那么结论就不可能是错误的。因此，唯一矩形真正意义上的结论，其实是删数。那么对于最开始的CD13（35）那个题目来说，它的结论其实应该写成C1<>35，写C1=1是不严谨的。只不过在那个题目中，删数结论涉及的单元格中只有三个候选数，所以写C1=1在那个题目中是对的。但是，唯一矩形并不只适用于"2、2、2、3候选数"的结构类型，像是这里介绍的"2、2、2、>3候选数"的类型仍然是适用的。

以上便是我想在这里说明清楚的唯一矩形的适用条件和真正意义上的结论。

说完了唯一矩形的基本类型，下面我们针对唯一矩形的类型2、类型3和类型4说明一下。

（三）唯一矩形类型2（区块类型）

1. 普通区块类型

如盘面所示。假设H13<>5，则H13只含有候选数3和9，这样的话，CH13四个单元格就都只有候选数3和9了，而它刚好满足唯一矩形的三点特性，所以它是一个唯一矩形结构，可以得到矛盾。

由于H13<>5会导致矛盾，所以H13<>5的假设是错误的，它的相反情况才是正确的。那么"H13<>5"的相反情况是什么呢？H13<>5的意思是，H13两个单元格都不是5。换句话说就是，H13两个单元格里有0个单元格填入的是5。那么它的相反情况自然就是至少有一个单元格填入的数字是5。此时，H13是区块结构。因为"H13是区块结构"的意思就是往H13里任意一个格子填入5。

既然如此，区块的删数范围是哪里呢？所在的区域内。这一次，两个格子同属于第7个宫和第8行，所以第7个宫和第8行的其他单元格都是不能填入5的，我们可以排除掉这些多出来的5。因此，这个技巧得到的结论就是G3<>5、H7<>5和I1<>5。

这里的H13（5）也称为区块结构，而把这种将唯一矩形和区块结构绑定在一起理解的类型称为**唯一矩形类型2**（或者叫区块类型）。而在这个例子里，我们用到的区块是很普通的区块类型，所以就叫它**普通区块类型**。在稍后我们还要讲一个**广义区块类型**。

2. 广义区块类型

在动用了区块的类型逻辑之后，我们可能还会发现一种额外的情况。如下面这个例子。

如上页盘面所示。我们先看左图。左图里用到了一次XY-Wing结构。这个结构的删数位置在H1（4）。XY-Wing的逻辑想必不用多说了吧。

得到H1<>4之后，可以得到右图这样的情况。我们取出HI19四个单元格，此时H1已经不含有候选数4，所以只剩下3和9，而剩下三个单元格H9和I19仍然是3、4、9三种候选数的状态。

试想一下，假如我们同时去掉H9（4）和I19（4）的话，是不是四个单元格全都只剩下3和9了？而且这四个格子满足前面所描述的唯一矩形的三个特征，确实会产生矛盾。

由于去掉H9（4）和I19（4）会导致矛盾，因此这三个4里，至少有一个4是正确的填数。换句话说，H9、I1和I9三个单元格里，至少有一个格子填入的应该是4这个数。那么，仔细观察I8单元格就会发现，它的位置刚好处于三个格子都"看得到"的地方。所以，只要I8=4，就会让H9、I1和I9全部填不了4，导致只剩下3和9，直接得到矛盾。因此，I8=4是错误的，I8<>4。这就是这个技巧逻辑得到的结论。

可以看到，在这个例子里，我们仍然用到了类似刚才讲到的区块类型的逻辑，删除的范围是H9、I19三格共同影响的I8格。虽然已经长得不像是区块了，但是逻辑和区块相似，因此我们仍然称这种类型为区块类型，只不过取名为广义区块类型。

还有一种情况。

如盘面所示。这个题目甚至没有了三个额外的数字，只含有两个额外的数字1。这个题目的删数就有点类似于XY-Wing那样的方式了。所以本题的结论是两个1都能对应到的地方，即这里的G4（1），所以结论就是G4<>1。

当然了，这样的题目一般都是通过前面一部分特殊技巧（如XY-Wing、W-Wing等短链技巧）删除掉一些不必要的数字之后才会出现这样的情况。它的出现频率并不高，但也属于广义区块类型，因为用的也是类似的推理过程。

3. 分类的命名标准

唯一矩形技巧的特殊之处就在于，它可以依据我们之前学过的一些概念和技巧来得到排除和删数。正是因为这样，唯一矩形有一个"类型几"的独特分类标准。

目前已经发现了20多种不同的唯一矩形用法，它们都不完全一样，因此分类非常杂乱无章。本书不会讲解特别复杂的结构类型，考虑到读者的接受程度，本书采用了4种类型的分类方式：

◆ 类型1：标准类型

◆ 类型2：区块类型

■ 普通区块类型

■ 广义区块类型

◆ 类型3：数组类型

■ 显性数组类型

■ 隐性数组类型

◆ 类型4：共轭对类型

■ 单共轭对类型

■ 平行共轭对类型（X-Wing类型）

■ 垂直共轭对类型（隐性唯一矩形）

◆ 其他类型（+XY-Wing、+XYZ-Wing、+SDC等）

有一些标准会细化分类，如广义区块类型会被单独列为类型5，类型4也会有被列为类型6或类型7的情况。但是这种细化对初学唯一矩形的读者并不友好，因此本书不使用这种分类规则。

如果确实需要细化的话，可以将普通区块类型称为"类型2A"，将广义区块类型称为"类型2B"；类型4也可以细分为"类型4A""类型4B"等。我们稍后会详细说明。

（四）唯一矩形类型3（数组类型）

前面我们说完了类型1（也就是标准类型）和类型2（区块类型，包含普通区块类型和广义区块类型）的基本推理过程。下面我们来说说**类型3**。类型3也称为**数组类型**，因为它的使用绑定了数组的概念。数组分两种：显性数组和隐性数组，因此类型3也分为这两种情况。

我们先来看显性数组类型。

1. 显性数组类型

　　AC37似乎可以构成唯一矩形，但与类型2不同的是，有两个单元格包含额外数字，且这两个额外数字是不相同的。这对于推理有什么影响呢？影响就是无法直接得出删数结论。那么怎么办呢？

　　我们发现，B3单元格只有候选数2和7，而包含额外数字的两个格子AC3，额外数字也恰好是2和7。我们来思考一下：唯一矩形要求的点在于，额外的数字不能同时被去掉。如果同时被去掉的话，由于四个格子全都只包含a和b两种不同的候选数，因此就会导致唯一矩形这个结构形成矛盾。那么，为了规避这种情况，包含的额外数字里就至少得有一个数字是对的。当然，在类型2里（尤其是普通的区块类型之中），因为额外数字是相同的，因此相同数字在同一个区域只能填入一次，这暗示了"额外数字只有一个对"；但对于这样的题来说，因为额外数字并不相同，因此是可以出现两个额外数字全部都对的情况的。

　　所以，我们需要分情况进行讨论。对于A3（2）和C3（7）来说，一共有三种情况：

- A3（2）和C3（7）都是格子的填数（即A3=2且C3=7）。
- A3（2）和C3（7）都不是格子的填数（即A3<>2且C3<>7）。
- A3（2）和C3（7）里只有一个是格子的填数，另外一个则不是（即 A3=2且C3<>7或A3<>2且C3=7）。

逐个分析来看可以发现，第一种情况是不可能的。因为B3只有2和7两个候选数，A3=2和C3=7会直接导致B3无法填数。毕竟ABC3三个格子在同一个宫里（或者说在同一列上）。

而第二种情况也不可能。如果A3<>2且C3<>7的话，那么AC3就只有8和9两种候选数了。而此时，AC37（89）就是唯一矩形结构了，导致矛盾。

既然前两种情况都不可能，那么只有第三种情况是正确的了：A3（2）和C3（7）里只有一个是格子的填数。但是，我们怎么知道具体哪一个数是对的呢？

其实用不着确定。别忘了，B3只有候选数2和7，如果A3=2，那么B3就只能填入7；而如果C3=7，那么B3只能填入2。

只有这两种情况是可能成立的。而这两种情况下，ABC3里必然会有两个格子是"一个2一个7"的状态。那么，第1个宫和第3列里，其余格子就都不会再填入2和7了，否则会导致ABC3无法填满2和7，毕竟刚才我们确定了2和7必须在ABC3里各自都出现一个。

所以，我们可以排除第1个宫和第3列上除ABC3外的其余单元格里的候选数2和7。因此，这个题目的结论就是A2<>2、B2<>27和I3<>27。

我们把这种推理过程称为类型3，而这个过程的数组用在了哪里呢？就是这个ABC3（27）。因为我们无法断定2和7的具体填入位置，所以AC3里究竟是哪格填入2或7我们是不清楚的。此时我们只能说，AC3两个格子里拿出一个格子填入2或7，然后配合B3（27）构成显性数对。因此，我们就把这个结构称为显性数对的类型。

类似地，我们还能对这个结构进行继续延伸，构造一个显性三数组出来。

如盘面所示。和刚才的例子一样，我们仍然分析多出来数字的两个格子，看看它的填入情况。这次是DF8两个单元格。

我们发现，AB8只有4、6、9三种候选数，而对于DF8而言，额外的候选数也是4、6、9。于是我们可以这么分析：

如果DF8两个格子都没有4、6、9的候选数的话，DF28四个格子就只有候选数1和5，因此构成唯一矩形结构，导致矛盾；而如果DF8填入的是4、6、9的其中两个数字的话，虽然不构成唯一矩形，但是对于AB8来说就麻烦了，因为AB8只有4、6、9三种候选数，当被DF8占据两个之后，只剩下一个候选数要填两个单元格显然是矛盾的。也可以这样想，若DF8与AB8都要填入4、6、9，相当于在四个（同区域的）单元格中只有三个候选数，这显然是不可能的。

所以，不能都不填4、6、9，也不能都填入4、6、9，那就只有一种可能了：DF8里有一个格子的候选数是4、6、9，而另外一个格子还是保持"填入1和5其一"这种情况。

这样一来情况就很明朗了：我们拿出DF8里的其中一个格子填入4、6、9，再配合上AB8本来就只包含4、6、9这三种候选数，这是不是就构成了一个"模糊"的显性三数组结构？所以，第8列其余位置就不能再填入4、6、9了，因为4、6、9只在ABDF8里出现。

所以，这个题目的结论就是H8<>49及I8<>69。

最后再给各位看一个四数组的例子，这种情况相当少见，所以就不给大家讲解了，它的逻辑和三数组是类似的，只不过是把规格增大了一个单位。

如盘面所示，这个题目的结论是I1<>3，构成的是3、6、8、9四个数字的四数组结构。

2. 隐性数组类型

下面我们来看一下带有隐性数组的类型3。

请直接观察第5行。第5行现在只有E679这三个单元格可以填入4和9，别的单元格是不包含4和9这两种候选数的。首先，E79两个格子不能都是4和9，否则会构成显性数对，从而配合下方的H79构成唯一矩形，导致矛盾；而如果E79都不是4或9的话，就意味着第5行的4和9放不满。因为4和9只有三个位置可以填，但我们假设E79都不是4或9，这一下就少了两个位置，以至于4和9全部挤入E6里面去，这肯定是不可能的。

所以，不能都填4和9，也不能都不填4和9，那么就只有可能是让E79其中一个格子填入4或9了。这样的话，算上E6这个剩下的唯一一个可以填入4的位置，E679就会出现一个关于4和9的隐性数对。于是，就可以开始删数了。不过要注意的是，这一次是隐性数对，所以删数的位置在E679的内部，而不是外面的格子。

　　但是，有一个问题：我们没有真正确定4或9到底填入E79两个格子中的哪个，所以E79是没有办法进行删数的；而E6是这一次唯一一个稳定存在的位置，所以E6中不是4或9的候选数都可以被删除。因此，这个题目的结论就是E6<>13。

　　可以看到，这次的逻辑是反过来理解的，配合的技巧也从显性变为了隐性。我们把这个题目称为带隐性数对的类型3。

　　接下来我们来看一个带三数组的。

　　如盘面所示，我们这次将视角放在第5行。我们发现，数字3、5、7在第5行只能填入E1348四个格子。而因为有四个格子填入3、5、7三个数字所以是够放的。

　　但是，我们不能同时让E13是3和5，否则E13构成3和5的显性数对，而配合下面的I13（35）就会构成唯一矩形的矛盾情况。但是，我们也不能同时让E13都不是3或5，否则3、5、7就不够填了：第5行有四个位置，但E13如果不是3或5就会少掉两个填入3、5、7的位置，导致只剩下两个格子填3、5、7。

这肯定是不够的，因为第5行只有这两个格子了。比如说，我们让E48一个是3、一个是5这样放进去，也会有数字7无法填进去，所以也是不行的。

那么，E13只能有其中一个放入的是3或5，这样就够了：E48放入3、5、7的其中两个，E13中的一个放入3或5，这样E1348四个格子里的其中三个就会构成关于3、5、7的隐性三数组结构。

那么删数在哪里呢？在稳定的E48上。因为我们无法确定E13中的哪个填3或5，又是哪个不能填3、5和7，所以我们不能贸然地删除这些数字，只能去找到稳定的删数位置E48。所以这个题目的结论是，E4<>26和E8<>268。

以上就是带隐性三数组的情况，下面我们来看一个带有隐性四数组的例子。这个例子同显性四数组的那个例子一样，就留给你自己理解了！

如盘面所示。这个题目的结论是A7<>58和BC9<>58。

（五）唯一矩形类型4（共轭对类型）

下面我们来说一下唯一矩形中最后一种编号类型：类型4。**类型4**也被称**为共轭对类型**。**共轭对**是一个术语，表示的是"同一个区域下只有两个位置可以填入某个数字"。这个类型会大量使用到共轭对。

1. 单共轭对类型

如盘面所示，我们仔细观察第8行可以发现，数字4在第8行只存在于H12两个单元格里，而其他的单元格都不能填入4。

思考一下，假设我们将5放入其中会如何？无论4在H1还是H2，另外一个格子都不能是5，否则这两个格子就是4、5的数对结构了，再配合上方给定的AB12（45），就导致唯一矩形的矛盾。因此，我们不能给H12填入5的机会。这个题目的结论就是H12<>5。

这个题目就属于类型4。我们用到的是H12（4）这个共轭对，因为第8行只有H12可以填入4，这就是共轭对的基本情况。

2. 平行双共轭对类型

既然一个共轭对能拿来推理，那么两个也可以。下面我们来看两个摆放是平行状态的共轭对应该如何使用吧。

如盘面所示，我们发现第7、第8行只有GH57四个格子可以填入6。那么分开来看，第7行的G57（6）就是一个共轭对；而第8行的H57（6）又是一个共轭对。

考虑一下，由于GH57四个格子是两行两列的结构，而又是共轭对的关系，所以6的摆放只有两种情况：

● G5和H7都填入6。

● G7和H5都填入6。

我们来思考一下，哪种情况是合理的。如果我们让G5和H7都填入6的话，由于此时的G7和H5两个格子都只有6和7的候选数，因此它俩现在只能填入7，这样就构成了6和7的唯一矩形。虽说现在这种情况下，6和7已经被唯一固定，看似没有办法交换，但实际上6和7的填数位置是客观存在交换的。换句话说就是，虽然我填好了6和7的位置，但是它们毕竟是我们在这个情况下的假设，不一定是正确的数字，6的位置可能变为7，7的位置也可能变为6。这种情况是不受已填入情况制约的。

因此，这样照样会有问题。所以，这种假设就是错误的。那么，就只剩下唯一一种情况，即G7和H5都填入6，然后把只有6和7的单元格给直接占掉。

当然，这个题目的结论在图上显示的是G5<>6和H7<>6，这在本质上是一样的：因为G7和H5已经确定是6了，那么自然就可以通过排除得到这两个删数。

我们把这个类型也称为类型4，只不过这次我们用到了两个共轭对，而且是平行状态的共轭对。这两个共轭对刚好构成平行的状态，非常类似我们之前学过的X-Wing技巧。所以这个用法的类型4有时候也称为X-Wing类型；但有些资料也会将其划为类型6，不过因为我们没有用这套类型系统，所以还是将其归在类型4之中。

3. 垂直双共轭对类型

既然共轭对可以处于平行状态，那么可不可能出现垂直的情况呢？

如盘面所示。请注意第5列和第9行。数字5在第5列只有GI5可以填入，所以GI5（5）构成共轭对；而第9行填入5的位置只有I57两个单元格，所以I57（5）也构成共轭对。这样一来，这个题目就有两个垂直的共轭对。这怎么用呢？

我们来思考垂直的共轭对一共有哪些情况。垂直的共轭对一共包含三个数字填入位置，而三个位置中最多只有两个位置可以同时填入5，因为现在是垂直的，就意味着其中有一个格子［图中的I5（5）］是两个共轭对共用的格子，是不能三个一起填入5的；而共轭对又要求有5的出现，不能不填。所以，这样的共轭对一共就两种情况：

- G5和I7都是5。
- I5单独填入5。

这两种情况都会满足两个共轭对都有5的填入，还不会出现违背数独规则的填法。所以我们就按这两种情况进行讨论。

先看第一种情况。如果G5和I7都是5的话，由于G7单元格只有5和9两种候选数，因此此时G7只能填入9。这样一来，I5就不能是9了，否则GI57四个格子就只有5和9的填入，会导致出现唯一矩形的矛盾情况。刚才已经说过了，虽然数字看似已经固定下来，但这仅是我们假设的情况，格子里面并不是必须填入它，交换是客观存在的。所以这个地方也可以认为是矛盾的。这种情况下，我们可以得到I5<>9。

接着来看第二种情况。如果I5是5的话，按照基本的排除思路，I5此时不能填入别的任何数字。毕竟一个格子只能填入一个数字。所以I5=5的时候也可以得到I5<>9这个结论。

由于两种情况里必须有一个是对的，而I5<>9在两种情况下都成立，所以I5<>9是正确的结论。这个题目的结论就是I5<>9了。

可以发现，我们这里用到的是垂直的共轭对。不过垂直的也好，平行的也好，两个共轭对必须涉及同一种数字。

另外，这个类型也用到共轭对，因此也归为类型4。不过有些地方，也有别的归类标准，就不多提及了；而这个用法有一个单独的技巧名称，叫作**隐性唯一矩形**，它暗示的是四个格子里用到的数字是隐藏在这四个格子里的，很难被发现。

至此，我们就把唯一矩形的类型4给大家全部介绍完毕。

下面我们来说一下，唯一矩形和一些其他技巧绑定在一起的用法。

（六）唯一矩形＋Wing

下面我们来说说唯一矩形的**构造**技巧。所谓的构造，指的是将技巧和技巧融合在一起使用的过程。技巧构造一般要求有两个不同的技巧类型才能进行融合。

注意，这里说的融合是一起用，而不是分开用。比如，在区块之后使用的排除法和唯一余数技巧，都是基于区块技巧删数完成之后才有的结论，这种不属于融合。

唯一矩形可以和很多技巧进行构造，但是最为常见的用法是和XY-Wing、XYZ-Wing技巧进行融合。我们挨个来看看。

如盘面所示。我们发现，AC7带有额外的数字5和6，但它们不像类型3可以直接找到对应的合适单元格进行数组的构成。这个题目中没有这样的单元格。

怎么办呢？我们发现C8和F7两个单元格很有趣。按照唯一矩形类型3的推理思路我们知道，AC7是不能同时不填入5和6的，否则的话，AC27四个格子就会构成唯一矩形结构，导致出错。

那么，AC7至少有一个是额外数字5或者6。而且这次，我们无法得到不能同时是5和6的结论，因为这次我们用到的额外格子是C8和F7，它们不同行、不同列、不同宫，并不存在冲突。

不过也没有问题。我们试着列举一下AC7的填数情况：

● 如果是A7填入额外数字5的话，那么F7就只能是1。

● 如果是C7填入额外数字6的话，那么C8就只能是1。

因为这两种情况至少有一个是对的，所以我们只需要找到两个情况都可以得到的结论，那么这个结论就是正确的。哪怕两种情况同时成立，它们相同的推论依然是成立的，所以这样的结论仍然是成立的。

我们发现，F7和C8中至少有一个1，那么直接当成XY-Wing来删数会怎么样呢？我们发现，F8在F7和C8都可以对应到的地方。换句话说，F8既和F7同行，又和C8同列。这样的话，只要我们让F8=1，就会同时排除掉F7和C8填入1的情况，这样就违背了我们刚才得到的"F7和C8至少得有一个是1"的结论。因此，F8是不能填入1的。这个题目的结论就是F8<>1。

这个题目使用的是唯一矩形和XY-Wing融合的技巧，它没有固定的名称，我们一般习惯就叫它"唯一矩形 + XY-Wing"。

下面我们来看一个带有XYZ-Wing的例子。

如盘面所示，这个题目的结论是E9<>8。首先我们发现，E89两个单元格不能都不填1、2、7里面的数字，否则EH89构成唯一矩形；而剩下的情况就是往E89里填入1、2、7，不管填入的是什么数字，不管填了几个格子的1、2、7，我们都可以使用前文得到XY-Wing这样的推理过程：

- 如果E8=1成立，则E2只能填入8。
- 如果E9=2成立，则B9只能填入8。
- 如果E89两个格子里有一个是7，那么E1就只能是8。

无论哪种情况成立，无论几种情况成立，我们至少可以得到的结论是，E12和B9里有数字8是正确填数。但是如果E9=8，E1、E2和B9三个格子都不能正确填入8，这样就矛盾了。

因此，这个题目的结论就是E9<>8。

这个例子我们用到了三个数字的分支：1、2、7，分别都对应了一个格子，最终都对应上了8这个候选数。这样的形式就称为带XYZ-Wing。

至此，我们就将唯一矩形的全部用法介绍给大家了。因为唯一矩形的类型比较多，因此命名会比较复杂，记不住名字的话，可以参考附录里的技巧列表。

七、可规避矩形

下面要说的技巧叫**可规避矩形**。可规避矩形是唯一矩形的一种特例，它依赖于已经填好了的数字，而不是空格，但它也使用唯一矩形的推理过程。

请注意，由于印刷限制，题目的提示数和自己填入的数字无法很好地区分，题目已确保了唯一解，因此请读者将所有涂圆形背景的单元格当成自己填入的数字，而不是提示数字作为推理。其他单元格的填数是否是提示数对题目推理影响不大。

（一）可规避矩形类型1（标准类型）

如盘面所示，如果我们让G9=4，则GH59四个单元格将构成一个已经填好的4和9的可交换结构。你可能会有一个疑问：这些数字［G5（9）、H5（4）和H9（9）］已经填好，照理说不应变动了，为什么仍然是可交换的呢？现在我们重新套用唯一矩形来理解。

我们尝试去交换这四个数字。

填法1 填法2

如盘面所示。可以发现，空格的候选数在交换之后都没有任何的变动。原因在于我们的交换只是对4和9的位置进行换位处理，但这四个格子所在的两行、两列、两个宫里都是一对4和9同时出现的状态，换和不换并不会改变"同时有4和9"的状态。因此，空格候选数是不会发生变动的。

虽然原始的情况下4和9已经填好，似乎不能变动，但是它们并不是真的已知数，因此不做到最后谁也不知道到底对不对。也就是说，它们是可以随意改变的。我们正是利用了这一点，才能大胆地改变填好了的数字。

这些数字经过交换，其余空格的候选数仍然没有任何的变动。如果玩家能够从这个地方开始往下做题，因为左右两个图片里展示的候选数状态是完全一致的，所以两个盘面的最终情况是"要么两个答案都对，要么两个答案都错"。

显然，两个答案都对是不可能的，因为题目是唯一解的，意味着每一个空格都只能有唯一的一种正确填数情况，而对于"两个题目最终做出来的结果都对"的这种情况，且不说继续做下去行、列、宫会不会出现违背数独规则的重复数字项，就只看GH59来说，已经有两种填法了——毕竟此时的情况下，左右两个图片里展示的GH59四个格子是交换过的两种情况，因此就算答案是对的，也违背了数独唯一解的基本规则和概念。因此这种情况肯定是不可能出现在唯一解的题目之中的。

那么只有可能是剩下的那种情况：两个答案都不对。这样就可以直接说明原始假设是错误的了，毕竟我们无法得到正确结果，所有假设下设的子情况全部得到了矛盾，因此假设的G9=4就是错误的填数，而它的相反情况才是正确的。G9=4的相反情况是G9<>4，因此这个技巧的删数结论就是G9不应该填4，把4删掉。

我们可以看到它的思路非常类似于唯一矩形，唯一的区别是它已经填好了其中三个格子。因为这样的结构相对特殊，所以它有一个单独的技巧名称，叫作可规避矩形。其中的"可规避"这个概念指的是可以规避唯一矩形导致的错误情况，而"矩形"就是我们说的唯一矩形技巧。

既然我们知道，它和唯一矩形基本上是一样的，可以套用唯一矩形的思路，那么我们可以知道的是，这个技巧也下设了多种不同的情况，比如类型2、类型3、类型4。下面我们来说说这些情况。

（二）可规避矩形类型2（区块类型）

1. 普通区块类型

如盘面所示，这是一个类型2的基本例子。

我们发现，A23（7）是不能同时删去的。如果A23<>7，那么A2和A3会都只剩下唯一的候选数，变为唯一余数技巧，然后直接得到对应的填数结论。

可是，一旦得到A2=4、A3=8的结果，A23会和下方的E23组成一个结构，导致出现关于4和8的可规避矩形。至于原因，刚才我们已经说过了。E23中的数是自己填入的，它们和已知数不同的地方在于，已知数是题目给的，不能随便改，而自己填入的数字是可以变动的。因此，AE23（48）可以交换，导致出现另外一种填法，这样就会导致矛盾。

那么，A23（7）是不能同时去掉的。它的意思就是A23（7）其实是一个区块结构。因为"A23（7）不可以同时去掉"换句话说就是"A23中至少有一个格子填入的是7"，这就是区块的特征。

那么我们可以将A23（7）当成区块来删数。这个区块位于第1个宫和第1

行上，所以第1个宫和第1行上的其余单元格里的候选数7全部都可以去掉。这个技巧的结论就是A89<>7以及B23<>7。

我们把这个结构称为区块类型。当然，区块类型也不只是像是上面这样的普通区块，也会存在广义的区块类型。

2. 广义区块类型

如盘面所示，这样的类型2长相特别奇怪。

可以发现，E7单元格只有7和9两种候选数，而C7和E9都只有3和9。如果C7和E9都不填3的话，那么它俩只能填入9，就会直接导致E7只能填入7，而此时CE79就变为了关于7和9的可规避矩形结构，导致矛盾。

所以C7和E9的候选数3不能被同时去掉，这两个至少有一个是正确填数。那么我们就可以按照类似XY-Wing那样的删数规则去得到删数：我们发现A9（3）和F7（3）处于两个3都可以看到的地方，是可以删掉的，因此这个技巧的结论是A9<>3且F7<>3。

这种类型比较特殊，长相也很奇特，因此很多数独相关的专业引用程序和软件都无法找到这样的技巧。这种结构是类型2的推广，用到的是不同行、不同列、不同宫的两个相同候选数，所以是广义的区块类型。

（三）可规避矩形类型3（数组类型）

下面我们来说说类型3。这次我们就不全部都讲了，显性数组分显性数对、显性三数组、显性四数组；隐性数组分隐性数对、隐性三数组和隐性四数组，这样挨个举例就太啰嗦了。

我们举一个例子来看。如盘面所示。如果我们同时去掉HI9里不是6和7的其他数字，就会直接导致HI59构成关于6和7的可规避矩形，所以HI9必须含有不是6和7的数字。

而HI9又不能全都填入不是6和7的数字，否则，H8就没办法填数了。因此，HI9只能有一个格子是"不是6和7的数字"的状态。

这样一来，HI9里的这个格子就可以和H8构成关于1和4的显性数对结构。因此我们可以直接按照1和4的显性数对进行删数。但是需要注意的是，由于HI9无法确定具体到底是哪一格填入1或4，所以我们无法直接断言删数的范围。我们目前是把HI9看成整体，删数的话，H8和HI9三个格子的1都要被算上，当成区块一样来找删数。由于三个1没办法处于同一行，因此它不是合理的区块；但是它们在同一个宫里，所以第9个宫里的其他单元格都不能填入1，这是可以直接得到的；而对于4而言，由于4只有两处出现的位置，它俩构成区块，而且位于第9个宫和第8行，因此第8行和第9个宫其他的格子都不能填入4。这也是为什么我们可以看到图中的H23也被删除了数字4——这个1、4的显性数对结构有些类似前面学过的"数组内区块"的概念。

下面我留一个题目给大家推理。

如盘面所示，这个题目的删数已经全部给出了。相信你可以自己理解。

（四）可规避矩形类型4（共轭对类型）

下面我们来看最后一种类型——共轭对类型。要注意的是，由于可规避矩形出现的特殊性，单个共轭对的类型和两个平行共轭对的类型都是不存在的，唯一存在的只有垂直的这种情况，即隐性唯一矩形的"翻版"：**隐性可规避矩形**。

如盘面所示。我们发现第2行和第5列包含关于数字9的共轭对；而这两个共轭对共用同一个单元格：B5。于是我们可以按照隐性唯一矩形的推理过程进行理解。

考虑这三个共轭对用到的单元格B1、B5和C5，我们进行假设：

● 如果B5=9，则B5因为有填入的数字占位，所以B5<>8。

● 如果B1和C5同时填入9，则由于C1已经是数字8的关系，此时的B5不能是8，否则四个格子构成关于8和9的可规避矩形，就会产生矛盾。

因为两个垂直的共轭对只有这两种情况，而两种情况都可以得到B5<>8，所以B5<>8就是正确的结论。

至此我们就把可规避矩形的四种不同推理过程介绍完毕了。

八、全双值格致死解法

下面我们来讲解最后一个要说的基于唯一解的技巧：**全双值格致死解法**。它需要用到盘面里的所有空格来进行推理。这种技巧的结论和应用场合都非常特殊，我们直接用实例介绍推导，请读者跟随我们的角度仔细理解。

（一）全双值格致死解法类型1（标准类型）

（数独盘面图）

如盘面所示。我们发现一个特殊的地方：除H9外的所有空格都只剩下两个候选数，而H9包含三个候选数；而且每一个候选数，在它出现的位置所在的行、列、宫，出现两次，唯独特殊的H9包含的额外的1出现了三次，而且是H9所在的行、列、宫都有三个1。

这个H9（1）特别奇怪，因此我们猜测会从这个1开始下手推理。实际上确实如此，这个1就是这个题目的结论：H9=1。下面我们来看一下这个技巧怎么理解。

首先我们要明白一点，双值格数组是一种特殊的存在。"双值格数组"这个概念没有说过，但是双值格和数组我们都说过。双值格指的是一个单元格只包含两个候选数的情况；而数组就是一个行、列、宫里n个单元格里只有n种候选数的特殊结构。那么，双值格数组指的是什么呢？指的是这个数组里涉的所有单元格均只有两个候选数。这种数组是极为特殊的，因为任何一个格子都不能再少任何一种情况，否则就会直接使得数组瓦解变为唯一余数。所以，双值格数组也是数组稳定存在的"最低标准"。

这个概念跟这个题目有什么关联呢？我们抛开H9（1）不看，假设它就是不存在的候选数。可以发现，所有的行、列、宫都是双值格数组。我们就拿H9（1）所在的三个区域（第8行、第9列和第9个宫）来说。

- 第8行空格的候选数分别是19、17、79。
- 第9列空格的候选数分别是36、67、13、19、79。
- 第9宫空格的候选数分别是19、17、79。

第8行一共三个格子，所以构成三数组；第9宫也有三数组。这里的第9列有点特殊，因为有5个格子，所以构成**五数组**。不过这个概念在之前讲解数组和使用到数组类似概念的技巧（如唯一矩形）时，是没有提及的。原因在于，数组具有互补性，有显性数组就必然存在隐性数组，而五数组的互补数组，规格必然是比5小的，因此五数组一般不会被利用到；相反地，这样的数组会被互补掉。但是，这样的结构是客观存在的，只是不怎么实用。这个题目里因为空格刚好构成了这样的结构，所以需要单独说一下这种情况。

双值格数组有一个特殊的点，就是随便填入一个数字，就一定会填满所有的数组涉及的格子；而双值格数组只有两种填法。我们就拿这个五数组举例，假设第一个格子（即包含3、6候选数的格子）分别填入3和6，后面的格子会直接瓦解，变为唯一余数，最终就可以得到这样两种情况：

- 情况1：3、6、1、9、7。
- 情况2：6、7、3、1、9。

我们不用关心里面的填数具体哪个数字在哪一个格子，这一点是不重要的。我们只需要知道，双值格数组的这一点特殊性质就可以了。

回头来看这个题目。我们假设了H9<>1，因此所有的空格都是双值格，而因为这样的情况出现，所以每一个区域也都包含一个完整的双值格数组结构。

倘若我们随意按一个单元格假设两种不同的填法，由于双值格数组的特殊性，每一个空格都会被瓦解掉，然后一鼓作气完成整个题目。但是，由于双值格数组的特殊性，两种填法对应的每一个空格数字都是不同的，比如刚才的五数组的两种填法。

我们思考一下。把随意假设的其中一个格子作为初始情况，那么每一个格子都有两种填数情况，因此我们可以通过"牵一发而动全身"的效果得到两个不同的答案。但是，这样的情况是真实存在且正确的吗？假如情况1得到的结果正确，那我应当在切换了数字之后得到情况2，这个情况2的结果也应该是正确的。为什么呢？因为双值格数组有两种不同的填法，每一个单元格的填法会直接影响到它所在的行、列、宫，再一次触发唯一的填数情况，这样导致"牵一发而动全身"。

可是，一个唯一解的题目不可能出现两种填数都正确的情况，这是矛盾的。导致这个矛盾的起始情况就是H9<>1。H9<>1导致了全盘的双值格数组，才会有这样的矛盾。因此，H9<>1是错误的假设，这个题目的结论就是H9=1。

我们把这个结构称为全双值格致死解法。这个技巧的名字较长，因为没有更合适的较短名称。它的英文原名是Bi-value Universal Grave，即"全双值坟墓"，暗示全盘空格都是双值格就会导致题目走向坟墓（死亡）。而现在看到的这个例子是它的标准类型，即类型1。下面我们来说说类型2、类型3和类型4，以及这个技巧自己特有的类型。

（二）全双值格致死解法类型2（区块类型）

这个技巧特殊就特殊在，它会动用全盘的所有空格来进行假设和推导。虽然我们并未真正意义上全部填满格子，但是理论上是用完了的。

而正是因为这种特殊性质，所以它和唯一矩形还有可规避矩形的类型2有所不同——全双值格致死解法的类型2绝大多数是以广义区块类型的形式存在的。

如盘面所示。如果我们同时去掉A5（7）、C4（7）和F5（7）的话，就会构成和类型1假设一样的情况：全部的格子都会与所在的行、列、宫的其余格子构成双值格数组。这样一来，这个结构就会直接导致矛盾。

因此，这三个候选数7是不能同时去掉的。我们要找删数，自然就是找到这三个候选数全部都可以看到的地方。显然，C5（7）就是满足的情况，也是唯一满足的情况。所以这个题目的结论就是C5<>7。

我们把这个结构称为区块类型，即类型2。不过可以看到，它实际上并不是真正的区块，只能按照广义区块类型来归类。

有的小伙伴就会觉得，这样的技巧太奇特了，我应该怎么自己找到它们呢？下面我们就来剖析一下这个技巧的细节。

（三）剖析全双值格致死解法的细节

1. 不能使用全双值格致死解法的情况

第一个要说的是，严格的条件限制到底是什么。

我们还是拿出前面的例子给大家介绍。

如盘面所示。我们得到的结论是H9=1。不过，我们可以将这一点延展。在所在的行、列、宫出现了三遍的所有数字都应该是正确的。因为我们反向思维可以得到，将其去掉之后，剩下的所有数字都是出现两次，而每一个格子都能与所在的行、列、宫的双值格构成双值格数组，从而出错。

不过似乎这个推理过程，我们只依赖于"每一个格子都会在所在的行、列、宫，与其他的格子构成双值格数组"这个条件。那么，"每一个数字在所在的行、列、宫都出现了两次"这一点是否是必要的条件呢？我们来看下面这个例子。

9	5	2	[4 8]	[4 8]	1	7	3	6
[1 3]	[1 3]	8	5	7	6	2	4	9
4	7	6	9	2	3	1	8	5
7	8	[3 4]	[3 4]	9	2	5	6	1
6	9	1	7	[3 8]	5	4	2	[3 8]
2	[3 4]	5	1	6	[4 8]	9	7	[3 8]
[3 5]	2	[3 4]	6	[4 5]	9	8	1	7
8	6	9	2	1	7	3	5	4
[1 5]	[1 4]	7	[3 8]	[5 8]	[4 8]	6	9	2

　　如盘面所示，这是一个反例。可以看到全盘确实也只有唯一一个包含三个候选数的格子，而其他格子都只有两个候选数；但是它和前面介绍的例子并不相同，这个例子里多出来了一个候选数3，它在所在的行上一共有三个3，但在所在列上却只有两个3。虽然也有三个空格，但I5不包含3这个候选数，因此3只在列上出现了两次。

　　这样的结构是否可以使用全双值格致死解法呢？答案是不能的。如果去掉这个3进行假设的话，由于第5列只有两处可以填入3，因此我们可以直接得到另外一个格子填入3的结论，导致整个盘面的局势直接瓦解，就不存在后面的推理过程了。

　　所以，全双值格致死解法的矛盾局面需要满足两个条件：

● 每一个数字在所在的行、列、宫都会有两个。

● 每一个单元格和所在的行、列、宫的其他单元格将构成双值格数组。

这两点缺一不可。

我们再来看一个反例。

如盘面所示。在第7行，9出现了三次，但这三个位置的9全部在双值格上。全双值格致死解法里不允许这样的情况存在。毕竟，如果我们随意去掉某个格子的候选数9，这个格子就会直接变为唯一余数，导致局面直接瓦解。

2. 真数的观察

虽然我们知道了这个技巧的具体满足条件，但到底怎样的情况才算是矛盾的呢？在刚才介绍的类型2里，满足条件的数字直接一次出现了三个，这样的情况我们又应该如何去理解和删数呢？

我们需要知道的是，前文介绍过的"多个数字"的逻辑也是严谨的。

我们再次回到这个例题里来，之前给出的解释是，三个7全部去掉才会导致矛盾出现，按照字面意思来说，就是让我们全部去掉它们。看到这个例子的A5（7）、C4（7）和F5（7）三个候选数，去掉确实可以满足前面所描述的规则；可是，就第5列来说，数字7却有4个位置。

且不说这个技巧如何去发现和寻找，单纯去理解"出现了4次"这个情况就已经有一些奇怪了。因为在最开始讲解的类型1里面，唯一出现的那个不满足条件的数字，在其所在的行、列、宫都是出现了3次的，而且是也不多不少地出现了3次。

这三个数有些不满足这样的情况，这是否说明我们在技巧理解上有问题呢？实际上并非如此。我们先来说说**真数**的概念。

所谓真数，指的是去掉它会导致全双值格致死局面的候选数。换言之，它就是所谓的"导火索"。在类型1之中，真数是特殊的：类型1只会有唯一一个真数。在去掉它之后，我们会直接得到致死局面；而对于类型2而言，真数有三个。从这个术语的角度入手，这个技巧就比较好理解了：同时将真数去掉，会直接导致矛盾；因此，所有的真数里至少有一个数字就是它这个格子的填数。

因此，真数并不是我们用来直接出数的数字。对于上面的例子来说，虽然有三个真数，但它并不意味着三个数字全都是格子的填数；实际上，有两个还位于同一列上，根本不可能出现三个数字全正确的情况。

而出现四次这个视角也可以清楚说明了：出现了四次是因为两个真数叠加，它并不代表用错了技巧，它们两个候选数同时去掉之后才会导致全双值格致死局面。而当它们客观存在于题目之中时，由于最终我们要求局面出现，那么每一个候选数必定会出现两次。而算上在验证的时候才会去掉的两处候选数，2+2=4，这当然就是合理的。

因此，我们的目的是去达到"每一个数字在其所在的行、列、宫出现两次"的矛盾，而非在验证之前就去看数字的出现情况。

那么，搞懂这一点之后，我们就可以开始说说，如何去寻找一个题目的真数了。找到题目所有的真数，我们可以去看真数唯一影响的地方。就拿刚才的题目来说，要想发现这三个真数的话，我们可以这么做。

如上盘面所示，我们需要明确的一点是，真数必须出现在超过两个候选数的单元格里。比如这个题目里，一共有三个格子包含三个候选数，那么真数必然会出现在它们之中，而其他的双值格里，是不可能有真数的。前文已经说过，如果这些数字位于双值格里，那么一旦开始假设，就会导致格子变为唯一余数，出现瓦解，就不会存在后续的推导步骤了。

而我们发现，三个格子分别为A5、C4和F5。其中的AF5是同列的单元格。由于我们要找真数，直接同列去看，就会比较难看到。我们可以试着看A5所在行出现三次的数字。

由于A5所在行里只有一个三个候选数的格子，因此一旦找到真数就可以立马确定。显然，数字7在所在行出现了三次，那么我们可以将其选入真数。选中之后我们要意识到，在去掉它之后，会导致矛盾。因此我们需要在下一轮找其他两个格子的真数之前预先去掉它。这里的去掉并非真正的删数，只是为了后续更容易方便地推导其他格子的真数的具体位置。

而C4所在列也只有一个真数，我们可以继续从C4入手。C4所在列上，数字7出现了三次，于是我们可以将其选入真数。注意，这一次，由于A5（7）已经在前一轮搜寻过程之中发现，因此它已经是被去掉的状态。此时，就第2个宫来说，7只有三处位置了：A6、C4和C5，因此它仍然满足找真数的规律。

最后，我们再来看F5。由于A5（7）被去掉了，因此7在所在列上仅出现三次。而我们需要在F5上找到真数，那么只可能是数字7了。因为我们始终需要保证的是删数后出现双值格数组，而7是唯一一个可以用来去掉的数字，别的数字本来就只有两次，我们肯定不能去掉它们。因此，F5（7）可以选入真数的行列。

于是我们预选出来了三个真数：A5（7）、F5（7）和C4（7）。选择完成后并没有结束，我们还需要验证一下，是否全部去掉真的会导致矛盾。因为我们在选择期间没有细看真数所在的行、列、宫是否都出现了合理的次数，而且选择期间，上一轮的真数选取出来之后会被去掉，因此我们缺少一次验证环节。

当我们同时去掉它们三个候选数之后，确实所有的候选数（包括数字7在内）全部满足前文提及的两点：双值格数组、出现两次。因此，矛盾是会出现的。这就意味着，我们在选择真数的时候没有错误。也因此，这三个数字就是真数。

这就是我们去发现、搜寻全盘出现的真数的办法。

（四）全双值格致死解法 + n

前面我们介绍过了如何发现和找到真数，也介绍了真数其实可以不只有一个。下面我们来看另外一个特别奇特的情况：真数不是同一种数字。

2	1	3	4	5	6	8	7	9
			3	1	2		
			2		9	6	1	3
6	7	4	3	2	5	9	8	1
5	2	1	6	9	8	4	3	7
3	8	9	1			5	6	2
7	3			2	1	9	
		8		1		3	2	
1		2	9	6	3	7		8

如上盘面所示，这个题目存在两个真数：G9（5）和H9（4）。先不说结论，我们先说说，为什么是G9（5）和H9（4），而不是反过来的G9（4）和H9（5）？

我们在找真数的时候说过，数字要去掉之后才能知道是不是出现矛盾。此时的第9列里，数字4和5都出现了三次，因此直接从第9列断言真数是不可取的。那么我们只能看影响较小的地方——它们各自的行。

G9和H9包含超过两个候选数，因此真数选取肯定是在它们之中发生的。而对于第7行来看，数字5出现了三次，而4只有两次，所以选择G9（4）是不可以的：一旦去掉它，第7行就只有唯一一个可以填入4的位置了，题目就直接瓦解了，不存在后面的推理过程了。

同理，H9（5）也不可以去掉。因为第8行只有4出现了三次，而5只有两次。所以，真数只能选择数字4而不是5。

那么，在明确了真数是这两个数字之后，我们来看删数。为什么删掉的是G9（4）和H9（5）呢？

还记得我们之前说过的鱼鳍、XY-Wing等删数需要用到什么逻辑吗？虽然我们无法断言具体是什么情况正确，但是我们知道，所有的情况之中至少会有一种是必须成立的。我们只需要找到所有情况中都可以得到的结论，那么这个结论就必然是正确的。我们可以利用这一点来得到这个题目的删数结论。

首先，G9（5）和H9（4）是这个题目的真数，同时去掉它们会导致矛盾。因此，G9（5）和H9（4）至少有一个是正确的填数。我们只需要找到这两个真数都可以得到的结论，那么这个结论就是对的。

- 当G9=5的时候，因为G9已经填好数字，因此G9<>4；同时，H9和G9同列、同宫，因此H9<>5。

- 当H9=4的时候，由于H9占位，所以H9<>5；同时，H9和G9同列、同宫，所以G9<>4。

可以看到，两个情况全部可以得到相同的结论：G9<>4和H9<>5，所以这两个删数就是正确的。这个技巧下，删数结论就是G9<>4和H9<>5。

这个技巧和类型2有点不同，它甚至连同一种数字都不是了，因此不能视为普通区块或广义区块的类型。这个技巧叫什么呢？它有一个单独的技巧分类，而它不属于任何一种类型编号。它的名字叫**全双值格致死解法 + n**，其中的字母n代指的是真数的总数量，比如这个例子里，有两个真数，所以这个技巧叫"全双值格致死解法 + 2"。

按照这种命名逻辑，类型1可以直接称为"全双值格致死解法 + 1"，而刚才的类型2可以直接叫"全双值格致死解法 + 3"，因为有三个真数。

我们再来看一些神奇的例子。

9	1	8	4					5
6		4	9	5	8			7
5		7	6			4	8	9
	5	2	7	9		8		3
	8	6	5	3	2	9	7	
7	9	3	8		4	2	5	
3	7	5	2	8	9			
2	6	9	1	4	5	7	3	8
8	4	1	3			5	9	2

如上盘面所示，我们可以使用前文学习到的办法去找这个题目的真数。这个题目一共有三个真数，分别为D8（1）、G8（6）和G9（1）。虽然这三个真数不完全一样，但是仍然具有删数。删数的位置位于这个唯一出现了不同数字6的单元格G8上。

原因很简单，因为D8（1）和G9（1）都可以直接通过行、列的排除影响到G8（1）；而对于G8（6）来说，如果G8=6则占位排除掉G8其余候选数。因此，G8（1）是三个情况都可以得到的删数结论，它就是这个题目的结论。

这一次一共包含三个真数，所以我们将这个技巧称为"全双值格致死解法＋3"。

如上盘面所示，这个题目是"全双值格致死解法＋4"。希望你可以自己理解，使用刚才介绍的办法去找删数。

下面我们再来看两个神奇的真数摆放情况。

如上盘面所示，这个题目有三个真数，但其中两个位于同一个单元格里。这个题目的删数在D4（8）上。原因是它是唯一一个三个候选数都可以对应到的地方。

- 如果D4=2，则占位排除D4（8）。
- 如果D4=5，则占位排除D4（8）。
- 如果E4=8，则通过列排除可以排除D4（8）。

因此这个题目的结论就是D4<>8。

另外各位可以想一想，这个题目可不可以删除E4（25）？如果可以，为什么呢？如果不可以，又是为什么呢？

我们再来看一个"＋2"的例子。

		1		7	2	5	8	3
5	2	7		1		4	6	9
3		8	9		5	1	7	2
		6						4
	1	2	⑥⑧	9			3	
8		3			7	9		
1	3	9			4	6	5	7
2	7	4		5		3	9	8
6	8	5	7	3	9	2	4	1

如上盘面所示。这个题神奇了！它包含两个真数，但它们恰好位于同一个单元格。

删数是E4（45），想必不用我多说了吧，这是根据同一个单元格的占位推导得到的删数。

最后我们来看一个例子。

如上盘面所示，这个题目一共包含7个真数。我们可以把它称为"全双值格致死解法＋7"。这个例子也是我发现的真数最多而且有用的例子了。

真数可以有很多，不过我们要找的是有用的真数。如果找到了全部的真数却没有用途，没有共同的删数结论的话，那么真数就没有任何的意义了。现在也没有明确的资料说明到底最多可以有多少个真数。数独研究的路还长着呢。

（五）全双值格致死解法类型3（数组类型）

下面我们来讲解全双值格的类型3，即数组类型。

不过因为每一个规格都讲一个例子会特别啰唆，因此这里只给出两个例子，一个显性数组、一个隐性数组。

如上盘面所示，这个题目一共有三个真数，两个是4，一个是2。

我们注意到，F5只有2和4两种数字作为候选数，因此结构有可能会构成数组。仔细观察可以发现，确实是这样的。

因为有三个真数，因此我们需要对情况进行分类讨论。

- 如果三个真数一个都不对，那么局面会直接变为矛盾情况，所以不可取。

- 如果三个真数有两个是对的，那么只可能是F4（2）和F36（4）的其中一个4同时成立。因为同行不能相同数字。但是，这样的话，会直接导致F5无法填数，因为2和4都由于同行出现的真数而被排除掉。

- 三个真数三个不可能同时都对，因为有两个是4，同行不能出现相同的数字。

经过分析发现，无论怎么讨论，只有一种情况是合理的，就是有唯一一个真数成立，并且它会和F5（24）构成关于2和4的显性数对结构。因此同行上别的单元格都不能再填入2或4了。这个题目的结论就是F1<>2和F2<>4，两处删数。

可以发现，这个推理过程特别有意思的地方是，这个题目有三个真数，它和唯一矩形技巧不同的地方就在于，唯一矩形的类型3不可能出现三个这样的情况。毕竟唯一矩形结构是2×2的矩形，不可能有三个格子同在一个行列里。

这个题目就说到这里。下面我们来看一个隐性数组的例子。

如上盘面所示，这个题目的结论是C3<>4。当然，只看2和7两个真数的话，可以删除F3（2），不过我们这里不是侧重于讲解这一点；相反，如果去掉F3（2）的话，2在第3列就只有两个了，此时的G3（2）不再是真数，就无法使用这个技巧来进行推理了，因此我们这里保留了F3（2）。

观察第3列，可以发现数字3和9只能在CFG3三个格子里出现，因此可以试着进行讨论。

● 如果两个真数同时被去掉，会直接产生矛盾。

● 如果两个真数都是对的，那么3和9就不够填在第3列了。

所以，两个真数只能有一个是对的。不管哪一个对，都会出现3和9的隐性数对，而由于结构稳定出现的格子只有C3，因此C3<>4才是真正可以排除的数字；而真数的两个格子并不知道具体哪一个是对的，因此我们无法直接在它俩上"动刀"。

这就是类型3了。最后我们来看看类型4。

（六）全双值格致死解法类型4（共轭对类型）

如上盘面所示，首先得出的结论是A7<>4和B7<>1。为什么呢？

我们注意到，9在第7列构成共轭对，而且只能出现在AB7两个单元格上。这个题目巧妙就巧妙在，所有真数都位于这两个单元格之中。这个题目一共有4个真数，其中两个在A7，另外两个在B7。光从这一点来说就非常神奇了。

接着，由于真数必须至少有一个是对的，所以AB7两个格子里要么A7有一个是真数，要么B7有一个是真数。不过，由于共轭对的约束，AB7还必须有一个是填入9的情况。因此，AB7有一个格子填入的是真数，另外一个格子填入的是数字9。这样看来，AB7就没有机会填入别的数字了，因此A7（4）和B7（1）作为"局外人"就可以被清除掉。

这个技巧就称为共轭对类型，从这个例子的真数分布就可以看出，这并不是随时随地都会出现的情况。

（七）全双值格致死解法·XZ模型

下面来说一个全双值格致死解法的未分类类型。这种类型出现的频次也不低，但它没有固定的分类编号，不属于前文介绍的类型1~4中的任何一种。它有一个单独的名字，叫**全双值格致死解法·XZ模型**[1]。

如上盘面所示。我们发现这个题目一共包含两个真数，一个是C7（1），另一个是G1（7）。这两个真数相隔实在是太远了，不同行、不同列、不同

---

[1] 这个技巧名称原名叫全双值格致死解法·双强链类型。"双强链"的概念尚未在本书提及，它的难度较大。想要了解这一技巧的读者，可以参考本书附录里的文章链接，学习更复杂的技巧。

宫。不过，我们发现了一个单元格G9，它可以帮助我们连接起这两个真数来。

先仔细观察G9。G9和G1同行，而且只包含真数涉及的数字1和7，那么如果G1=7，就会直接使G9=1。因此，C7（1）就和G1（7）关联起来了。

- 如果C7=1，则通过排除可以得到同列的G7<>1和同宫的A9<>1。
- 如果G1=7，则G9=1，通过排除可以得到同行的G7<>1和同列的A9<>1。

两种情况均可以得到相同的结论，因此G7<>1和A9<>1就是这个题目的结论。我们把这个技巧称为全双值格致死解法·XZ模型。其中的XZ和我们之前学习的W-Wing、XY-Wing的字母意思是一样的，也表示数值。其中的Z是删数，X则是"桥梁"。对这个题目来说，Z就是1，而X就是7了。

我们再来看一个例子。

如上盘面所示。这个题目希望你可以自己理解。因为逻辑是一样的，所以我就不讲了。

至此，我就把全双值格致死解法技巧的基本类型给大家全部讲解完毕了。下面我们将介绍一个全新的数独技巧。

九、欠一数组

欠一数组是我们要介绍的最后一个数独技巧，也是一个比较容易理解的数独技巧。它分为两种情况：**欠一数对**和**欠一三数组**。

（一）欠一数对

如上盘面所示。我们发现C7只有候选数1和6，而在第2行只有三个格子包含候选数1和6。

这种摆放是有一定的约束的。由于我们必须往C7填入1或6，因此和它构成数组的另外一个数字就必须出现。但是，由于第2行只有三个位置可以填入1或6，因此我们可以考虑进行分情况讨论。

● 如果让B5填入1或6的话，那么还有一个数字必须在B78里出现。

● 如果B5不填入1或6的话，那么1和6就必须都填入B78。

但很显然的是，后者是不成立的。原因在于，B78都填入1或6的话，C7就没有合适的数字可以填入了，这是矛盾的。

因此，我们必须保证B5填入1或6。按照这个思路下去可以发现，B5有一个数字，而B78里还有另外一个数字，这样B5就会和B78里的其中一个格子构成隐性数对；而B78里的这个数字又会和C7构成显性数对。

因此，我们可以按照显性数对和隐性数对的删数模式进行删数，结论是B5<>9和A8<>6。B78没有删数是因为我们并不清楚具体其中哪格填入1或6。

（二）欠一三数组

如上盘面所示。我们把结构推广一下。

观察第2列，我们发现只有四个位置可以填入2、6、9；而在第1个宫里，有两个格子只包含2、6、9这三个候选数。

按照刚才的逻辑，AC2两个单元格只能填入一次2、6、9。换句话说，AC2只能有一个格子是2、6、9的其一，而另外一个格子则不能填入这些数字。因为AB3只有2、6、9，因此要想让这两个格子可以填入数字，最极端的情况就只能是再多一个格子填入2、6、9，然后和AB3构成三数组结构；同理，由于AC2里有一个格子是2、6、9，而第2列此时只有三个格子可以填入2、6、9，因此HI2与AC2的其中之一刚好构成隐性三数组结构。

因此，这个题目的结论就是删除HI2里非2、6、9的数字，以及删除第1宫其余单元格的2、6、9，即AB1<>69、H2<>3和I2<>17。

这两个数独技巧理解起来相对容易一些。下面我再给大家留一个例子。

如上盘面所示，希望各位可以自行理解。

附 录

下面陈列一些辅助内容。大家可以在阅读之余，通过它们来达到完善和了解更多补充内容的目的。

一、术语词汇

此处给各位列举一些前文介绍过的术语词汇，作一个总结。

术语	英文	位置[1]
宫排除	Hidden Single in Block	2-1
行排除	Hidden Single in Row	2-1
列排除	Hidden Single in Column	2-1
行列排除	Hidden Single in Line	2-1
区域	House（Region）	2-1-1
宫区块	Pointing	2-3
行区块	Row Claiming	2-3
列区块	Column Claiming	2-3
行列区块	Claiming	2-3
区块结构	Locked Candidates Structure	2-3-1
组合区块（级联区块）	Cascading Locked Candidates	2-3-4

---

[1] 为了表格精简和显示完整，我们使用编号显示每一个术语词汇出现的章节位置。比如"1-2"表示第一部分（数独介绍）的第二节（数独和唯一解）。详细内容可以在目录的对应编号内查到。

续表

术语	英文	位置
级联	Cascaded	2-3-4
唯一解	Unique Solution	1-2
坐标	Coordinate	1-3
盘面	Grid	1-3
行	Row	1-3
列	Column	1-3
宫	Block（Box）	1-3
解	Solution	1-3
排除（摒除）	Hidden Single	2-1
唯一余数（喂鱼）	Naked Single	2-2
区块	Locked Candidates	2-3
数组	Subset（Locked Set）	2-4
数对	Pair	2-4
三数组	Triple（Triplet）	2-4
四数组	Quadruple（Quad）	2-4
显性数组	Naked Subset	2-4
隐性数组	Hidden Subset	2-4
占位	Hidden	2-4-1
隐性数对（数对占位）	Hidden Pair	2-4-1
死锁数对	Locked Pair	2-4-2
割补法	Law of Leftover	2-4-4
候选数	Candidate	3-1
删数	Elimination（Deletion）	3-2-1

术语	英文	位置
出数	Assignment（Set❶）	3-2-1
显性三数组	Naked Triple（Naked Triplet）	3-2-1
隐性三数组	Hidden Triple（Hidden Triplet）	3-2-2
显性四数组	Naked Quadruple（Naked Quad）	3-2-3
隐性四数组	Hidden Quadruple（Hidden Quad）	3-2-3
区块数组（数组内区块）	Naked Subset with Locked Candidates	3-2-5
区块三数组	Naked Triple with Locked Candidates	3-2-5
区块四数组	Naked Quadruple with Locked Candidates	3-2-5
互补	Complement	3-2-6
鱼（链列）	Fish	3-3
二阶鱼（二链列）	X-Wing（2-Fish）	3-3-1
剑鱼（三阶鱼、三链列）	Swordfish（3-Fish）	3-3-3
水母（四阶鱼、四链列）	Jellyfish（4-Fish）	3-3-4
残缺	Incomplete	3-3-5
降阶	Reduction	3-3-5
鳍	Fin	3-4
鳍鱼	Finned Fish	3-4

---

❶ 这里的 set 应翻译为"填入"或"放置"，是动词 set 的对应名词。Set 还有一个意思是"集合"。数组技巧的英文名 Locked Set 里的这个 Set 就是"集合"的意思。

续表

术语	英文	位置
短链	Wing	3-5
拐点	Pivot	3-5-2-1
唯一矩形	Unique Rectangle	3-6
唯一矩形类型2（区块类型）	Unique Rectangle Type 2	3-6-3-1
普通区块类型	Unique Rectangle Type 2	3-6-3-1
广义区块类型	Unique Rectangle Type 5	3-6-3-1
唯一矩形类型1（标准类型）	Unique Rectangle Type 1	3-6-3-1
唯一矩形类型3（数组类型）	Unique Rectangle Type 3	3-6-4
唯一矩形类型4（共轭对类型）	Unique Rectangle Type 4	3-6-5
共轭对	Conjugate Pair	3-6-5
隐性唯一矩形	Hidden Unique Rectangle	3-6-5-3
构造	Technique+❶	3-6-6
可规避矩形	Avoidable Rectangle	3-7
已知数	Given（Hint）	3-7
隐性可规避矩形	Hidden Avoidable Rectangle	3-7-4
五数组	Quintuple（Quint）	3-8-1

---

❶ 这个术语词汇没有对应的英语单词，而记号一般都是两个技巧的名词直接用加号拼接起来的。

术语	英文	位置
真数	True Candidate（Non-BUG Candidate）	3-8-3-2
全双值格致死解法 + n	Bi-value Universal Grave + n	3-8-4
全双值格致死解法·XZ模型	Bi-value Universal Grave XZ Rule	3-8-7
欠一数对	Almost Locked Pair	3-9
欠一三数组	Almost Locked Triple	3-9

二、图形标记介绍

本书用到了一些符号和图形作为标注。为了更好阅读本书，我把它们的使用规则和约定都罗列到附录之中。

图形	意思
■	正方形表示数对、区块等需要多个单元格组合在一起理解的技巧
●	圆形表示排除、唯一余数等数独常见技巧需要作为基础排除使用的提示信息项
✕	叉号表示当前单元格不应该填入某个（或某些）数字

续表

图形	意思
★	星星表示当前单元格是技巧推导过程之中得到结论的具体位置
▲	三角形辅助技巧进行额外信息描述的图形标记
◆	菱形同上,也是辅助技巧进行额外信息描述的图形标记
② 8 9	候选数圆圈表示推理过程用到的候选数
1 4 6 7	候选数方块也表示推理过程用到的候选数,只是和圆圈的形状不同,为了区分不同的候选数分组情况
2 △ 7	候选数三角形同上
X 3 4 6	候选数打叉表示该候选数应该通过图上呈现的技巧而正确、严谨、安全地删除掉

三、本书介绍的技巧列表

本页给大家列举一下本书介绍的相关数独技巧。另外，它们各自的分类以及每一项的难度系数[1]的数值，我也都会在这个列表里一并给出，希望可以给你更完善的参考。

➤ 基本技巧（1.2~3.4）

　■ 排除（1.2~1.5）

　　◆ 宫排除（1.2）

　　◆ 行列排除（1.5）

　■ 唯一余数（2.3）

　■ 区块（2.6~2.8）

　　◆ 宫区块（2.6）

　　◆ 行列区块（2.8）

　■ 数组（数对）（3~3.4）

　　◆ 显性数对（3）

　　◆ 隐性数对（3.4）

➤ 定式候选数技巧（3.2~5.4）

　■ 数组（三/四数组）（3.6~5.4）

　　◆ 显性数组（3.6~5）

---

[1] 所谓的难度系数，是一个数字。这个数字越大，代表技巧的逻辑理解起来越难。本书对这些技巧的理解难度作一个罗列。难度系数衡量了技巧本身的推理难度、规格大小（即用到的格子数量，暗示技巧是否好找到和看到）等因素。这个数字不是绝对准确的，但能够让你在理解技巧的时候有一个更加良好的参考。本书介绍到的技巧的难度系数最低规定为 1 个单位大小（而不是 0），最大则不会超过 6 个单位大小。

✧ 广义区块类型（4.6）

◆ 可规避矩形类型3（数组类型）（4.6~4.9）

✧ 带显性数对（4.6）

✧ 带显性三数组（4.7）

✧ 带显性四数组（4.8）

✧ 带隐性数对（4.7）

✧ 带隐性三数组（4.8）

✧ 带隐性四数组（4.9）

◆ 可规避矩形类型4（共轭对类型）（4.8）

✧ 垂直双共轭对类型（4.8）

■ 全双值格致死解法（5.6~6）

◆ 全双值格致死解法类型1（标准类型）（5.6）

◆ 全双值格致死解法类型2（区块类型）（5.7+❶）

◆ 全双值格致死解法类型3（数组类型）（5.7~6）

✧ 带显性数对（5.7）

✧ 带显性三数组（5.8）

✧ 带显性四数组（5.9）

✧ 带隐性数对（5.8）

✧ 带隐性三数组（5.9）

✧ 带隐性四数组（6）

◆ 全双值格致死解法类型4（共轭对类型）（5.7+）

---

❶ 全双值格致死解法的类型2的难度取决于它出现的真数的总数量。数量越多越不容易被发现和找到，结构也就越复杂，因此我在此写了一个加号表示难度至少为5.7。

◆ 全双值格致死解法＋n（5.7+）

◆ 全双值格致死解法·XZ模型（5.8）

■ 欠一数组（4.5~5.2）

◆ 欠一数对（4.5）

◆ 欠一三数组（5.2）

四、坐标和结论表达参考

为了介绍方便，本书使用了一些数学语言。不过，数独游戏跟数学关系不大，因此本书使用的数学语言非常浅显，跟数学的专业知识基本没有关联，只是"借用"了一下。

前文已经解释过多种写法，也使用实例作了说明，下面作一个完整版的总结。记得不是特别清楚的小伙伴可以参考本节的内容对比进行理解。

● 本书约定使用K9坐标表示法，即使用"字母+数字"表示一个单元格的具体位置。其中，字母表示所在的行，用大写字母A到I分别表示第1到第9行，如A表示第一行，B表示第二行，等等；数字则表示列数，如3表示第3列。字母和数字组合在一起表示一个格子的位置，如A3表示第1行从左到右顺次数下去的第3个单元格。

● 我们使用小括号表示某个单元格里需要被用到的候选数信息。比如，A3（4）表示第1行第3个单元格的候选数4。

● 我们使用等号"="表示某个单元格填入什么数字信息，作为结论。比如，A3=4表示A3单元格填入数字4是这个推理过程的结论。

● 我们使用小于大于符号的组合"<>"表示某个单元格不应该填入什么数字信息，作为结论。比如，A3<>4表示A3单元格不能是4，或表示A3单元格应该删除候选数4。

- 如果两个坐标的字母（即所在行的编号）一致，可直接简写为一个，然后将所有不同的列编号按照从小到大的顺序罗列在一起。比如，A34表示A3和A4两个单元格。

- 如果两个坐标的数字（即所在列的编号）一致，可直接简写为一个，然后将所有不同的行编号按照字母顺序罗列在一起，写在数字的左边。比如，AB3表示A3和B3两个单元格。

- 如果已经简写的坐标表达还有完全相同的行序列或者列序列的话，还可以继续简写。比如，ABC25表示ABC2和ABC5（即A2、A5、B2、B5、C2和C5这6个单元格）。

- 简写后的坐标在逻辑表达上，表示为"和""并且"的意思，因此它们只能用于删数结论的表达上。比如，AB3<>7是正确的写法，它表示A3和B3两个单元格都不能是7；但不能书写出数结论。比如，AB3=7的写法是不当的，因为AB3此时是"并且"的关系，但AB3处于同一列，同一列不能填入相同数字是数独的基本规则。

- 小括号"（ ）"内和不等符号"<>"后也可以罗列多个数字，同时表示多种数字信息。比如，A3（24）表示A3单元格的候选数2和4；而A3<>24表示A3单元格不能填入2，也不能填入4。

五、本书推荐的数独学习网站和练习网站

除了前文列举的这些参考内容外，我还想为各位提供一些参考的网站。这些网站可以提供给你学习和练习数独，帮助你提升数独技能。

（一）独·数之道

http://www.sudokufans.org.cn/

这个网站提供了众多的数独类型，可以供你进行练习和PK。是的，这个

网站支持和其他玩家参与同一个题目的对战，速度越快的玩家得分越高。

另外，网站的顶部提供了一些数独教程；而网站的侧边栏还提供做题速度、做题的相关数据和一些数独小工具。

例如，下图标示出的"数独 数数练习"工具对于提升你的唯一余数技巧水平相当有帮助。

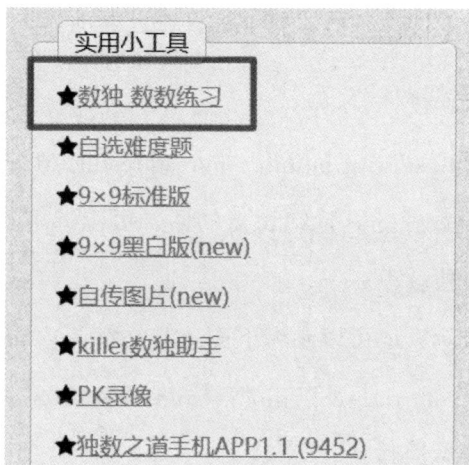

（二）三思数独

https://www.12634.com/

这个网站以标准数独为主，并设置了每日题目。本书由于篇幅所限，无法呈现太多的练习题。建议读者利用该网站的标准数独题库进行练习。网站中各难度题库需要用到的技巧如下：

入门：宫排除；

初级A和初级B：宫排除和行列排除；

中级：排除、唯一余数、隐性数对；

高级：本书第二部分的全部四大技巧，即排除、唯一余数、区块和数对；

骨灰A级：本书所介绍的全部技巧。

本书介绍的技巧的最难程度大致和骨灰A级难度对等。再往上的骨灰B、C、D级就需要用到更复杂的技巧去解决。

（三）数独百科介绍

https://www.sudopedia.org/wiki/Main_Page

这个网站提供了权威的数独术语和数独技巧相关内容的介绍。不过很遗憾的是，这个网站是外国数独玩家搭建的，因此暂时不支持中文。

（四）数独的完整教程文章

https://www.bilibili.com/read/readlist/rl291187

如果你想要学习数独的其他知识点的话，可以参考这份教程，这是由我完成的一个完整版数独教程。

比较迷茫的数独玩家还可以参考下面这篇文章。

https://www.bilibili.com/read/cv17087308

欢迎你和我一起讨论数独。